Rösel · Stichwort: AVA · Band 1

Stichwort: AVA

Wolfgang Rösel

Band 1   Verfahren

Wolfgang Rösel
Sabine Schmidt

Band 2   EDV-Anwendung

BAUVERLAG GMBH — WIESBADEN UND BERLIN

Wolfgang Rösel

Stichwort: AVA

Ausschreibung — Vergabe — Abrechnung

Band 1

Verfahren

2., neubearbeitete und erweiterte Auflage

Schriftenreihe des Fachgebiets Projektmanagement
Professor Dr.-Ing. Wolfgang Rösel
Gesamthochschule Kassel
Universität

Band 1

BAUVERLAG GMBH — WIESBADEN UND BERLIN

CIP-Kurztitelaufnahme der Deutschen Bibliothek

Rösel, Wolfgang:
Stichwort: AVA: Ausschreibung — Vergabe — Abrech-
nung / Wolfgang Rösel. — Wiesbaden; Berlin:
Bauverlag
   Bd. 2 verf. von Wolfgang Rösel u. Sabine Schmidt
NE: Schmidt, Sabine:
Bd. 1. Verfahren. — 2., neubearb. u. erw. Aufl. —
1985.
   (Schriftenreihe des Fachgebiets Projektmanage-
   ment / Gesamthochsch. Kassel; Bd. 1)
   ISBN 3-7625-2321-5
NE: Gesamthochschule < Kassel > / Fachgebiet
Baubetrieb, Projektmanagement: Schriftenreihe
des Fachgebiets . . .

1. Auflage 1978
2., neubearbeitete und erweiterte Auflage 1985

Druck: Pfälzische Verlagsanstalt, Landau
ISBN 3-7625-2321-5

Vorwort zur 1. Auflage

Diese Schrift will ein Leitfaden auf dem Weg der Bauabwicklung aus der Sicht des praktizierenden Architekten sein. Die Kenntnis der Rechtsbeziehungen zwischen ihm, seinen Auftraggebern und den Auftragnehmern benötigt er unbedingt zur Erfüllung seines Auftrages.

Er ist im Rahmen seiner Berufstätigkeit verpflichtet, seinen Bauherrn im Sinne einer Nebenaufgabe auch in rechtlichen Dingen zu beraten, sofern dies der Erfüllung seiner eigentlichen Berufsaufgabe dient und daher mit dieser in einem notwendigen und unmittelbaren Zusammenhang steht.

Diese Verpflichtung bezieht sich also nur auf die Beratung in den hier dargelegten Grundsatzfragen. Dagegen bleibt eine individuelle Rechtsberatung, insbesondere in Zweifelsfällen oder Streitigkeiten, den dafür nach dem Rechtsberatungsgesetz legitimierten Rechtsanwälten vorbehalten. Es ist darauf hinzuweisen, daß die Urteile der Gerichte, insbesondere des Bundesgerichtshofes für die rechtliche Beurteilung analoger Fälle bedeutsam sind.

In knapper Form vermittelt diese Schrift den Studierenden, den Baupraktikern und den Bauherrn eine übersichtliche Darstellung der Vorgänge, die zur Ausschreibung, Vergabe und Abrechnung erforderlich sind. Diese gelten generell für Neubauten in handwerklicher und industrialisierter Methode, Fertighäuser, Altbau-Erneuerungen und größere Reparaturen.

Um den Rahmen und den Zweck dieses „Stichwort"-Leitfadens nicht zu sprengen, finden sich textlich zugeordnete Hinweise auf Gesetze und Bestimmungen am Textrand. Man braucht also zum vertiefenden Verständnis je ein Exemplar des BGB und der vollständigen VOB sowie darüber hinaus ergänzende Literatur. Dieser „Wegweiser" durch die Pfade der Rechts- und Verfahrensstruktur kann darum nur einführend auf die vielfältigen Gefahren und Probleme hinweisen und damit deutlich machen, daß es zur Bauabwicklung des **Fachmannes** und in strittigen Rechtsfragen des Rechtsanwalts bedarf.

Kassel, April 1978   Wolfgang Rösel

Vorwort zur 2. Auflage

In dieser zweiten Auflage sind die inzwischen eingetretenen Änderungen der rechtlichen Vertragsgrundlagen, neu ergangene höchstrichterliche Urteile sowie Auswirkungen des AGB-Gesetzes berücksichtigt. Fortschreibungen des deutschen Normenwerks und die Entwicklung des Standardleistungsbuches wurden nach dem neuesten Stand eingearbeitet. Den Anforderungen der Praxis folgend nahm ich die Aspekte von später eintretenden Änderungen der Rechtslage, der technischen Vertragsgrundlagen und von Bauleistungen auf.

Kassel, im Juli 1985   Wolfgang Rösel

Inhalt

Die in Klammern (o) gesetzten Ziffern im Text verweisen auf bestimmte Fundstellen, die auf Seite 88 zusammengestellt sind.

Abkürzungen

ABN	Allgemeine Bedingungen für die Bauwesenversicherung durch Auftraggeber
AFB	Allgemeine Feuerversicherungsbedingungen
AG	Auftraggeber
AGB	Gesetz zur Regelung des Rechts der Allgemeinen Geschäftsbedingungen
AHB	Allgemeine Versicherungs-Bedingungen für Haftpflicht-Versicherung
AktG	Aktiengesetz
AN	Auftragnehmer
ATV	Allgemeine technische Vorschriften für die Ausführung von Bauleistungen
BGB	Bürgerliches Gesetzbuch
BHB	Besondere Bedingungen und Risikobeschreibungen für die Berufshaftpflichtversicherung von Architekten und Bauingenieuren
DIN	Deutsche Industrienorm
DIN	Deutsches Institut für Normung e. V.
DVA	Deutscher Verdingungsausschuß für Bauleistungen
EDV	Elektronische Datenverarbeitung
EP	Einheitspreis
FGG	Gesetz über die Angelegenheiten der freiwilligen Gerichtsbarkeit
GAEB	Gemeinsamer Ausschuß Elektronik im Bauwesen
GBO	Grundbuchordnung
GmbHG	Gesetz betr. Gesellschaft mit beschränkter Haftung
GVG	Gerichtsverfassungsgesetz
HGB	Handelsgesetzbuch
HOAI	Honorarordnung für Architekten und Ingenieure
KO	Konkursordnung
LHO	Leistungs- und Honorarordnung der Ingenieure
LV	Leistungsverzeichnis
RBeratG	Rechtsberatungsgesetz
REB	Richtlinien für elektronische Bauabrechnung (Regeln für . . .)
StLB	Standardleistungsbuch für das Bauwesen
UVV	Unfallverhütungsvorschriften
VOB	Verdingungsordnung für Bauleistungen
VOL	Verdingungsordnung für Leistungen
VVG	Versicherungsvertragsgesetz
WHG	Wasserhaushaltsgesetz
ZPO	Zivilprozeßordnung
ZVG	Gesetz über die Zwangsversteigerung und Zwangsverwaltung

1 Rechtliche Grundlagen

1.1 Allgemeine Hinweise auf gesetzliche Regelungen

Die Verhältnisse der Einzelnen zueinander unter dem Gesichtspunkt der grundsätzlichen Gleichberechtigung werden durch das Recht bestimmt. Die bei der Planung und Abwicklung von Bauten entstehenden rechtlichen Beziehungen zwischen dem Auftraggeber (in der Regel der Bauherr) und den an der Planung und Ausführung Beteiligten sind durch Vertrag zu regeln.

Bei allen Rechtsgeschäften gilt grundsätzlich das Bürgerliche Gesetzbuch (BGB). Es ist das wichtigste und umfassendste Gesetz des deutschen Privatrechts. Das heute gültige BGB trat am 1. Januar 1900 in Kraft und ist für das Gebiet der Bundesrepublik Deutschland trotz einiger Änderungen in seinen Grundzügen unverändert geblieben.

BGB § 134
BGB § 309

AGB § 9

Über die Bestimmungen des BGB hinaus können im Rahmen der nach deutschem Recht gegebenen Vertragsfreiheit weitere Vereinbarungen getroffen werden, sofern sie nicht gegen zwingende rechtliche Vorschriften verstoßen. Eine besondere Rolle spielen die Generalklauseln des BGB; die wichtigsten sind die Begriffe „Gute Sitten" und „Treu und Glauben mit Rücksicht auf die Verkehrssitte", da sie oft als Auslegungsmaßstab herangezogen werden.

BGB § 138
BGB § 139
BGB § 826

Ein Rechtsgeschäft, das gegen die guten Sitten verstößt, ist nichtig.

Ergänzend zum BGB gelten Sondergesetze, die sogenannten Nebengesetze, in denen besondere Bereiche des bürgerlichen Rechts geregelt werden. Dazu gehören u. a.
— die Grundbuchordnung (GBO)
— das Gesetz über die Zwangsversteigerung
   und Zwangsverwaltung (ZVG)
— das Gesetz über die Angelegenheiten der freiwilligen Gerichtsbarkeit (FGG)
— das Handelsgesetzbuch (HGB)
— das Gerichtsverfassungsgesetz (GVG)
— die Zivilprozeßordnung (ZPO)
— die Konkursordnung (KO)

Besondere Bedeutung hat das am 9. 12. 1976 vom Deutschen Bundestag beschlossene
— Gesetz zur Regelung des Rechts der Allgemeinen Geschäftsbedingungen
   (AGB-Gesetz),

AGB § 2

mit dem insbesondere der Endverbraucher vor unzumutbaren Klauseln in vorformulierten Geschäftsbedingungen geschützt werden soll. Auch der Geschäftsverkehr zwischen Firmen wird dadurch beeinflußt. Allgemeine Geschäftsbedingungen liegen nicht vor, soweit die Vertragsbedingungen zwischen den Vertragsparteien im einzelnen ausgehandelt sind.

AGB § 1

BGB § 157
BGB § 242

Die Auslegung eines Vertrages erfolgt mit Rücksicht auf die Verkehrssitte nach Treu und Glauben, wenn im Einzelfall beim Vertragsabschluß Regelungen offen geblieben sind.

BGB § 104
bis § 113

Rechtsgeschäfte können nur von geschäftsfähigen Personen abgeschlossen werden.

Die Form des Abschlusses eines Rechtsgeschäfts kann durch Gesetz vorge- **BGB § 125**
schrieben sein. **bis § 129**

Die landläufige Redensart „Auftrag erteilen" ist im juristischen Sinn nicht kor-
rekt, da nicht aktiv ein „Auftrag erteilt" wird, sondern vielmehr ein „Angebot"
angenommen wird (Auftragserteilung = Angebotsannahme).

Das BGB definiert, daß die Schließung eines Vertrags angetragen wird (= Ange- **BGB § 145**
bot) und der Antrag innerhalb einer Frist anzunehmen ist. Wenn der Antrag an- **BGB § 147**
genommen wird, gilt das Rechtsgeschäft (= Vertrag) als zustande gekommen.
Einzelheiten regelt das BGB. **BGB § 145**
bis § 157

Beim Zustandekommen eines Vertrages mit dem Inhalt der Planung oder Errichtung eines Bauwerks ist die Schriftform nicht durch Gesetz vorgeschrieben.
Aus Beweisgründen und zur Vermeidung von Streitigkeiten wird die schriftliche
Fassung von Antrag (Angebot) und dessen Annahme (Auftrag) dringend empfohlen (Vertragsurkunde). **VOB/A § 29**

1.2 Die Vertragschließenden

Das Rechtsgeschäft bei der Planung und/oder Ausführung von Bauwerken sowie bei Lieferungen wird von zwei Parteien, dem sog. Auftraggeber (AG) und
dem sog. Auftragnehmer (AN) begründet.

Als **Auftraggeber** (AG) für Planungs- und/oder Bauleistungen sowie für Lieferungen können im Einzelfall als natürliche oder juristische Person auftreten
— der Bauherr
— der Bauträger / der Baubetreuer
— der Generalübernehmer / der Generalunternehmer. **Vergl. 10.5**

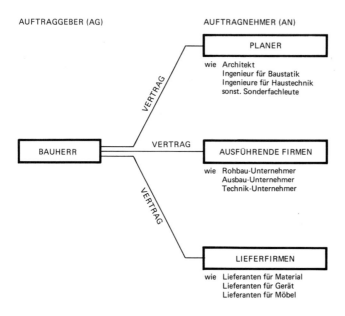

AUFTRAGGEBER (AG)   AUFTRAGNEHMER (AN)

PLANER

wie Architekt
     Ingenieur für Baustatik
     Ingenieure für Haustechnik
     sonst. Sonderfachleute

VERTRAG

BAUHERR   VERTRAG   AUSFÜHRENDE FIRMEN

wie Rohbau-Unternehmer
     Ausbau-Unternehmer
     Technik-Unternehmer

VERTRAG

LIEFERFIRMEN

wie Lieferanten für Material
     Lieferanten für Gerät
     Lieferanten für Möbel

Abb. 1
Die Vertrags-
partner beim
Planen und
Bauen

Als **Auftragnehmer** (AN) gelten:

a) die **Planenden,** das sind besonders
— der Architekt,
— der Statiker,
— die Ingenieure für technische Anlagen, sowie
— die Gutachter.

b) die **Ausführenden,** das sind besonders
— der Rohbau-Unternehmer,
— die Ausbau-Unternehmer,
— die Unternehmer der technischen Gewerke.

c) die **Lieferanten,** das sind besonders
— Möbel-Lieferanten,
— Geräte-Lieferanten und
— Lieferanten des AG, sofern er Bau-Material selbst einkauft und zur Verarbeitung durch ausführende Firmen diesen zur Verfügung stellt,
— Material-Lieferanten.

Vergl. 10.5 Die vom AG beauftragten AN können ihrerseits wieder andere AN im eigenen Namen und für eigene Rechnung als sog. Nachunternehmer oder Subunternehmer beauftragen. Rechtliche Beziehungen zwischen AG und dem Nachunternehmer bestehen nicht.

1.3 Vertragsform

Ob es sich beim Rechtsgeschäft im Einzelfall um einen Werkvertrag oder um einen Dienstvertrag handelt, wird durch das BGB, bzw. durch die höchstrichterliche Rechtsprechung bestimmt.

1.3.1 Dienstvertrag

BGB § 611 Ein Dienstvertrag liegt vor, wenn die Leistung von Diensten jeder Art gegen eine Vergütung vereinbart ist. Es besteht Vergütungsverpflichtung, auch wenn deren Höhe nicht vereinbart ist.
BGB § 612

BGB § 628 Beim Dienstvertrag besteht keine Gewährleistungspflicht des zum Dienst verpflichteten. Bei schuldhafter Pflichtverletzung besteht für den Dienstverpflichteten Haftung auf Schadenersatz.

Für Dienstverträge auf abhängige Arbeit unter Eingliederung in einen Betrieb gelten auch sonstige einschlägige Vorschriften des Arbeitsrechts, des Betriebsverfassungsgesetzes, der Reichsversicherungsordnung u. a.

BGB § 620 Für die Beendigung und die Kündigung eines Dienstvertrages gelten generelle
bis § 630 gesetzliche Regelungen.

Beispiele für Dienstvertrag:
Angestelltenvertrag, Inanspruchnahme eines Gepäckträgers.

1.3.2 Werkvertrag

BGB § 631 Ein Werkvertrag besteht, wenn die Herstellung eines Werkes oder die Herbeiführung eines Erfolges vereinbart ist. Der Besteller ist zur Entrichtung einer Vergütung verpflichtet.
BGB § 632

Bei nicht mangelfreier und/oder nicht rechtzeitiger Erfüllung des Werkvertra- **BGB § 633**
ges haftet der zur Leistung Verpflichtete ohne Rücksicht auf Verschulden. **bis § 650**

Für Lieferungen gelten die Bestimmungen über den Werkliefervertrag. **BGB § 651**

Beispiel für Werkvertrag:
Bauvertrag zwischen Bauherr und Bauunternehmer.

1.3.3 Architektenvertrag

Der Architektenvertrag ist nach dem Urteil des Bundesgerichtshofs (BGH) **BGB § 631**
vom 22. 10. 1981, Az.: VII ZR 310/79 stets ein Werkvertrag (entgegen früherer
Rechtsprechung). Es ist ohne Belang, ob der Architekt mit der Planung allein,
mit Planung und Bauüberwachung oder nur mit der Bauüberwachung beauftragt wurde.

Die Leistungen der Architekten regelt die HOAI, wobei das Leistungsbild **HOAI § 15**
Objektplanung für Gebäude und Freianlagen Grundleistungen und besondere
Leistungen vorsieht.

Auch für die in HOAI § 31 beschriebene Projektsteuerung sind die Bestim- **HOAI § 31**
mungen des Werkvertrages anzunehmen (wenngleich dazu ein höchstrichterli-
ches Urteil heute nicht bekannt ist).

1.3.4 Ingenieurvertrag

Der Vertrag zwischen Bauherrn und Ingenieur z. B. Tragwerksplaner ist ent- **BGB § 631**
sprechend dem Architektenvertrag ein Werkvertrag. Für das Leistungsbild gel- **HOAI**
ten die Bestimmungen der HOAI.

1.3.5 Bauvertrag

Ein Bauvertrag zwischen Bauherr und ausführendem Unternehmer ist stets ein
Werkvertrag. Geschuldet wird die fertige mangelfreie Leistung als Erfolg einer **BGB § 631**
Bautätigkeit.

1.3.6 Lieferungsvertrag

Ein Vertrag über Lieferung ist ein Werklieferungsvertrag. Hier ist nur die VOL, **BGB § 651**
nicht aber die VOB anwendbar. Gilt z. B. für bloße Lieferung von Baumaterial
(Kaufvertrag).

1.4 Vergütung

Sowohl für den Dienstvertrag als auch für den Werkvertrag ist die Vergütung **BGB § 612**
auch für den Fall geregelt, daß diese nicht ausdrücklich im Vertrag vereinbart **BGB § 632**
ist. Es kommt vielmehr darauf an, daß die Dienstleistung oder die Herstellung
des Werkes den Umständen nach nur gegen eine Vergütung zu erwarten ist.

Zunächst ist eine bestehende Taxe für die Bemessung der Vergütung maßgebend. Als solche gelten bei Planungsleistungen die bestehenden Gebührenordnungen:
HOAI — Honorarordnung für Architekten und Ingenieure, gültig ab 1. 1. 1985
        als Gesetz am 17. 9. 1976 vom Deutschen Bundestag verabschiedet,
        erweitert durch Änderungsverordnung vom 17. Juli 1984.

LHO — Leistungs- und Honorarordnung der Ingenieure (Stand 1. 7. 1969), herausgegeben vom Ausschuß für die Honorarordnung der Ingenieure (AHO), weitgehend ersetzt durch HOAI ab 1. 1. 1985.

Leistungen und Honorare für nicht alltägliche, bzw. in den vorliegenden Gebührenordnungen nicht enthaltene Architekten- und Ingenieurleistungen werden in aller Regel frei entsprechend der Aufgabenstellung zwischen den Vertragsparteien vereinbart.

Für die Preisbildung bei öffentlichen Bauaufträgen gelten besondere Rechtsverordnungen und Verwaltungsvorschriften („Baupreisrecht").

1.5 Die Verdingungsordnungen

1.5.1 Verdingungsordnung für Bauleistungen (VOB)

Bei der Ausgestaltung von Bauverträgen sollte die Verdingungsordnung für Bauleistungen (VOB) zugrundegelegt werden. Die VOB wird im Auftrag des Deutschen Verdingungsausschusses für Bauleistungen vom Deutschen Normenausschuß herausgegeben und gilt bei Vertragsabschluß jeweils in ihrer neuesten Fassung (heute: Ausgabe Teile A und B in der Fassung von 1979, Teil C in Fassung 1973 mit Ergänzung 1976 bzw. Ausgabe 1979).

Der Fortentwicklung der Rechtsprechung, der Technik und der Wissenschaft wird durch ständige Überarbeitung der VOB Rechnung getragen. Sie regelt Einzelheiten der Verdingung, der Bauabwicklung und der technischen Durchführung. Die Verdingungsordnung besteht aus drei Teilen:
VOB Teil A: Allgemeine Bestimmungen für die Vergabe von Bauleistungen, DIN 1960, Fassung Oktober 1979.
VOB Teil B: Allgemeine Vertragsbedingungen für die Ausführung von Bauleistungen, DIN 1961, Fassung Oktober 1979.
VOB Teil: C: Allgemeine technische Vorschriften für Bauleistungen (ATV). Die ATV enthalten DIN-Normen, die ebenfalls in der jeweils neuesten Fassung für die technische Durchführung der Arbeiten gültig sind.

Falls die VOB dem Vertrag nicht zugrundegelegt wird, so gilt uneingeschränkt BGB.

Wird der Bauvertrag auf der Grundlage der VOB geschlossen, so finden gleichwohl nur die Teile B und C Anwendung, während der Teil A nicht Vertragsbestandteil wird. Im Vergabewesen öffentlicher Bauherren wird die VOB Teil A uneingeschränkt angewandt. Private Bauherren bzw. Architekten oder Ingenieure klammern den Teil A häufig ganz oder teilweise ausdrücklich aus. (z. B. § 22, um das Angebotsergebnis geheim zu halten).

BGB § 631 Der Teil B tritt an die Stelle der einschlägigen Bestimmungen des BGB über den Werkvertrag. Die Rechtsprechung orientiert sich an diesem Teil der VOB, wodurch er einen „gesetzesähnlichen" Charakter erhält (Definition der sogenannten Verkehrssitte), falls der Werkvertrag nicht die ins Einzelne gehenden Festlegungen im Sinne des Teils B der VOB beinhalten sollte. In Fällen, in denen die Bestimmungen der VOB Teil B nicht ausreichend sind, oder in denen der Auftraggeber abweichende Vertragsregelungen wünscht bzw. solche nach den Umständen erforderlich sind, können „Besondere Vertragsbedingungen" und/oder „Zusätzliche Vertragsbedingungen" vereinbart werden. Um Widersprüche zu vermeiden, legt die VOB/B in § 1 Abs. 2 eine Rangordnung der Ver-
VOB/B § 1, 2

einbarungen fest, demzufolge bei Widersprüchen im Vertrag nacheinander gelten:

a) die Leistungsbeschreibung,
b) die Besonderen Vertragsbedingungen,
c) etwaige Zusätzliche Vertragsbedingungen,
d) etwaige Zusätzliche Technische Vorschriften,
e) die Allgemeinen Technischen Vorschriften für Bauleistungen (VOB Teil C),
f) die Allgemeinen Vertragsbedingungen für die Ausführung von Bauleistungen (VOB Teil B).

Die von den Festlegungen der VOB/Teil B abweichenden Formulierungen, die in den **Besonderen** und **Zusätzlichen** Vertragsbedingungen niedergelegt werden, sollten jeweils Hinweise auf die entsprechende, aber anderslautende Bestimmung der VOB/Teil B enthalten. Sie müssen stets bereits in den Verdingungsunterlagen enthalten sein, um den Teilnehmern am Wettbewerb die daraus resultierenden eventuellen Kosten und/oder risikobeeinflussenden Faktoren deutlich zu machen.

In den Besonderen Vertragsbedingungen wird geregelt, was **abweichend** von VOB/Teil B vereinbart werden soll (Beispiel: Dauer der Verjährungsfrist nicht 2 Jahre nach VOB/B, § 13, sondern 5 Jahre entsprechend BGB § 638). **VOB/A § 10 Vergl. 4.2**

Die Zusätzlichen Vertragsbedingungen regeln, was **zusätzlich** zur VOB/Teil B zu vereinbaren ist, insbesondere in den Fällen, wo die VOB/Teil B mehrere Möglichkeiten anbietet (z. B. gemäß § 12 — Abnahmen: Es ist festzulegen, ob z. B. förmliche Abnahme oder eine andere Art der Abnahme vorgesehen ist). **VOB/A § 10 Vergl. 4.3**

1.5.2 Verdingungsordnung für Leistungen (VOL)

Die Verdingungsordnung für Leistungen — VOL — gilt für Lieferungen und Leistungen, die **nicht** unter die Verdingungsordnung für Bauleistungen — VOB — fallen. Die VOL ist wie die VOB für die Durchführung der Verdingung und die Auftragsabwicklung bestimmt, jedoch umfaßt sie keine technischen Bestimmungen im Sinne der VOB/Teil C. Bezüglich der rechtlichen Bedeutung gilt das gleiche wie bei der VOB.

Die VOL besteht aus zwei Teilen:
VOL Teil A: Allgemeine Bestimmungen für die Vergabe von Leistungen.
VOL Teil B: Allgemeine Bestimmungen für die Ausführung von Leistungen.
Ergänzend zu den Bestimmungen der VOL gelten vielfältige Bedingungen der öffentlichen Auftraggeber (Bund, Bundespost, Bundesbahn, Bundeswehr).

1.6 Öffentlich-Rechtliche Vorschriften

1.6.1 Bauordnungen

Für die Abwicklung von Bauten sind neben den allgemeinen zivilrechtlichen und strafrechtlichen Regelungen auch die öffentlich-rechtlichen Vorschriften relevant. Die entsprechenden Gesetze des Bundes und der Länder (Bauordnungen) regeln die im öffentlich-rechtlichen Interesse liegenden Einzelheiten der Bauplanung und Baudurchführung sowie die Verantwortlichkeit der an der Planung und am Bauen Beteiligten.

1.6.2 Erlasse, Verordnungen

Ergänzend sind die Erlasse und Verordnungen der Bundes- und Länderministerien zu berücksichtigen. Sie werden jeweils im Bundes- bzw. Staatsanzeiger veröffentlicht und sind für die Auslegung rechtlicher Vorschriften von Bedeutung.

1.6.3 Ortsrecht

Die Gemeinden sind berechtigt, die ihre Interessensphäre beeinflussenden öffentlich-rechtlichen Belange in Satzungen (Ortsrecht) niederzulegen. Diese von den Gemeindeparlamenten zu beschließenden Satzungen sind ebenfalls für die Planung und Abwicklung von Bauten im Interesse öffentlich-rechtlicher Belange verbindlich. Den rechtlichen Rahmen bilden die Landes- und Bundesgesetze.

1.7 Geschäftsbedingungen

1.7.1 AGB-Gesetz

AGB § 4

Das AGB-Gesetz hat besondere Bedeutung für den Bauvertrag. Es gilt für alle nach dem 31. 3. 1977 geschlossenen Werkverträge. Es wird nicht angewandt, wenn die Bedingungen nachweislich und einzeln ausgehandelt wurden. Der Vertragspartner muß sein Einverständnis mit den Vertragsbedingungen spätestens bei Vertragsabschluß ausdrücklich bestätigen.

AGB § 23, 5

AGB § 11, 10

Die gemäß AGB-Gesetz als allgemeine Geschäftsbedingungen geltenden Bestimmungen der VOB, werden hinsichtlich sogenannter fingierter Erklärungen (z. B. daß nach VOB/B § 12,5 eine Bauleistung mit Ablauf von 12 Werktagen nach schriftlicher Fertigstellungs-Mitteilung als abgenommen gilt) und bezüglich der Gewährleistungsfristen (VOB/B § 13, zwei Jahre) nicht eingeschränkt.

Juristen (7) empfehlen, auf gesondertem Blatt folgende — am besten vom Vertragspartner handschriftlich selbst geschriebene — Formulierung dem Vertrag beizufügen:

„Mit den beigehefteten Vertragsbedingungen, die mir im einzelnen ausführlich erklärt wurden, und die mit mir einzeln ausgehandelt wurden, bin ich vollinhaltlich einverstanden" (Unterschrift, Datum).

Zur Vertragsbearbeitung ist die genaue Kenntnis des AGB-Gesetzestextes allgemein erforderlich.

AGB § 9

Besonders die Bestimmungen über die Generalklausel sind für die Auslegung von Allgemeinen Geschäftsbedingungen wesentlich.

1.7.2 Geschäftsbedingungen der Auftragnehmer

AGB

Häufig legen AN eigene Geschäftsbedingungen dem Angebot und der Vertragsabwicklung zugrunde. Falls diese im Vertrag nicht ausgeschlossen oder durch andere Bestimmungen ersetzt werden, treten sie an die Stelle der Bestimmungen der VOB bzw. VOL oder des BGB. Zu beachten sind die Einschränkungen des AGB.

1.7.3 Geschäftsbedingungen der Auftraggeber

Häufig formulieren AG bzw. die von diesen beauftragten Architekten oder Ingenieure besondere Geschäftsbedingungen, die in der Regel nach dem Willen des AG vorrangig gelten sollen. Öffentliche Bauträger, die Bundeswehr, die Bundesbahn, die Bundespost, sowie große AG der gewerblichen Wirtschaft **VOL-Erg.** und des Handels haben eigene Vertragsbedingungen für die Abwicklung von **Vergl. 1.5** Bauten entwickelt, die allen mit ihnen abzuschließenden Bau- und Lieferwerkverträgen zugrundezulegen sind. Auch hier ist das AGB-Gesetz zu beachten. **AGB**

Bei AG, die derartige eigene Geschäftsbedingungen nicht haben, ist es für Großprojekte angebracht, daß der mit der Bauabwicklung beauftragte Architekt oder Ingenieur — gegebenenfalls nach Beratung mit seinem AG und mit einem Juristen — entsprechende Bedingungen für das jeweils abzuwickelnde Bauvorhaben projektbezogen formuliert und sämtlichen Verdingungsvorgängen und allen Werkverträgen mit den AN (die zwischen AG und AN geschlossen werden) zugrundelegt.

1.7.4 Änderungen der Rechtslage

Die Beurteilung rechtlicher Fragen ist Veränderungen ausgesetzt, die sich beispielsweise aus der Lebenserfahrung, dem gesellschaftlichen Wandel, dem technischen Fortschritt und der veränderten Umwelt ergeben. Darum ist es auch für Architekten und Ingenieure unabdingbar, sich regelmäßig über diese evtl. geänderten Rechtsauffassungen zu unterrichten. Die Lektüre der Fachpublikationen vermittelt in der Regel auch die neuere Rechtsprechung in einschlägigen Fragen. Nur wenn der Architekt oder Ingenieur zugleich stets in rechtlichen Fragen auf dem laufenden ist, kann er der Beratungsverpflichtung seinen Bauherren gegenüber nachkommen.

1.7.5 Beratungspflicht des Architekten und des Ingenieurs

Soweit es seine Aufgabe erfordert, ist der Architekt oder Ingenieur berechtigt und verpflichtet, seinen Bauherren auch in rechtlichen Belangen zu beraten und dessen Rechte zu wahren. Die besondere Bedeutung der Beratungspflicht bei Ausschreibung, Vergabe und Abrechnung von Bauleistungen ergibt sich schon daraus, daß häufig dem Bauherrn wirtschaftliche Nachteile dann entstehen können, wenn beispielsweise vom Architekt oder Ingenieur vorbereitete Verträge wesentliche Mängel enthalten, wenn Fristen versäumt werden oder wenn notwendiger Schriftverkehr unterbleibt.

2 Technische Grundlagen

2.1 Die allgemein anerkannten Regeln der Technik

StGB § 323

VOB/B § 4, 2
(1)

BGB § 242

Der Begriff **allgemein anerkannte Regeln der Technik** stammt aus dem Sprachgebrauch der Juristen und gehört in den Tatbestandsbereich Baugefährdung des Strafgesetzbuches. Während es früher „die allgemein anerkannten Regeln der Baukunst" hieß, steht dafür in der Neufassung des Strafgesetzbuches vom 1. 1. 1975 die Bezeichnung „die allgemein anerkannten Regeln der Technik". Sie findet sich als Hinweis auch in der VOB/B.

Diese allgemein anerkannten Regeln der Technik gelten im Hinblick auf die technische Seite der Vertragserfüllung als Verkehrssitte. Sie stellen die Summe der im Bauwesen gemachten wissenschaftlichen und technischen Erfahrungen derjenigen Personen dar, welche die Bautätigkeit ausüben. Wissenschaftliche oder sonstige Ausführungen in Fachzeitschriften, Fachbüchern, Prospekten und dgl. genügen allein nicht, sie müssen vielmehr in der Praxis erprobt **und** bewährt sein.(2)

Als allgemein anerkannt kann eine Regel der Technik dann gelten, wenn sie in ausdrücklichen Vorschriften niedergelegt ist, z. B. in den DIN-Vorschriften.

2.2 Allgemeine Technische Vorschriften (ATV)

VOB/A § 10
VOB/B § 1

VOB/A § 9

Die Allgemeinen Technischen Vorschriften für Bauleistungen (ATV) sind als Teil C Bestandteil der Verdingungsordnung für Bauleistungen (VOB). Es handelt sich um Deutsche Industrie Normen (DIN), die im Sinne der allgemein anerkannten Regeln der Technik gelten.

Die ATV können durch Zusätzliche Technische Vorschriften ergänzt werden, die als Bestandteil der Verdingungsunterlagen zu formulieren sind.

Die grundsätzliche Gliederung des Inhalts der ATV lautet:
0. Hinweise für die Leistungsbeschreibung:
   Die Hinweise bieten einen Katalog von Kriterien, die bei der Formulierung der Leistungsbeschreibung nach Lage des Einzelfalles besonders anzugeben sind. Diese Hinweise werden nicht Vertragsbestandteil. Sie stellen einen für die Kalkulation der Angebotspreise wesentlichen Einflußfaktor dar. Es sollen alle für die beschriebenen Arbeiten maßgebenden Objekt-, Produktions-, Umwelt-, Material-, Qualitäts-, Maß-, Preis-Abrechnungs- und Risikobedingungen u. dergl. definiert werden. Diese Informationen sind auch unter Beachtung von VOB/A § 9 zu formulieren.
1. Allgemeines:
   Hier wird u. a. festgelegt, für welche Arbeiten die betreffende DIN **nicht** gilt. Es sind Hinweise auf andere, ebenfalls für die Arbeiten geltenden Bestimmungen aufgeführt.
2. Stoffe, Bauteile:
   In den Unterabschnitten **Vorhalten** und **Liefern** werden Aussagen über die Stoffe und Bauteile, ihre Behandlung usw. gemacht. Nur bei DIN 18 300 — Erdarbeiten, heißt es abweichend *Boden und Felsklassifizierung* und bei DIN 18 320 — Landschaftsbauarbeiten, treten *Pflanzen und Pflanzenteile* hinzu.

3. Ausführung:
   Hier wird u. a. definiert, welche sonstigen Bestimmungen (DIN) für die Ausführung gelten, wie mit dem Baustoff und den Bauteilen umzugehen ist, wie
   die Verarbeitung zu erfolgen hat und welche besonderen Bedingungen zu
   beachten sind.
4. Nebenleistungen:
   In dem Unterabschnitt 4.1 wird bestimmt, welche Leistungen als Nebenleistung Bestandteil einer Hauptleistung sind und deshalb auch ohne Erwähnung in der Leistungsbeschreibung zur vertraglichen Leistung gehören,
   also mit dem vereinbarten Preis abgegolten sind. Dies gilt in Zusammenhang mit Teil B/VOB. **VOB/B § 2**

   Der Unterabschnitt 4.2 führt solche Leistungen auf, die Nebenleistungen
   sind, wenn sie nicht durch besondere Ansätze in der Leistungsbeschreibung
   erfaßt sind. Besondere Leistungen, die keine Nebenleistungen sind, definiert der Unterabschnitt 4.3 nach Teil A-DIN 1960. Diese Besonderen Lei- **VOB/A § 9, 6**
   stungen sind nicht Bestandteil einer Hauptleistung und deshalb nicht mit
   dem Preis für die Hauptleistung abgegolten. Sie bedingen einen eigenen
   Ansatz in der Leistungsbeschreibung und eine eigene Vergütung.
5. Aufmaß und Abrechnung:
   Dieser Abschnitt regelt, wie das Aufmaß zu nehmen ist, wobei häufig verschiedene Möglichkeiten angeboten werden. Bereits bei der Aufstellung der **Vergl.**
   Mengenberechnung und bei der Formulierung der Leistungsbeschreibun- **Abb. 15**
   gen für die Ausschreibung ist nach den ATV-Festlegungen zu verfahren.

2.3 Deutsche Industrienorm — DIN

Die Vorläufer der heutigen DIN sind die früheren Werknormen. 1917 entstand
der Normalienausschuß für den deutschen Maschinenbau, aus dem der Deutsche Normenausschuß (DNA) hervorging. Heute arbeitet der Fachnormenaus-
schuß Bauwesen (FN Bau) im DIN, Deutsches Institut für Normung e. V., an der
Entwicklung und Anpassung der Normen an den Stand der Technik. Die Norm-
blätter tragen das Ausgabedatum der endgültigen Norm. Sie gelten jeweils in
der zum Zeitpunkt der Ausführung der Arbeiten gültigen Fassung. Veränderungen im Deutschen Normenwerk werden laufend in den „DIN-Mitteilungen" an-
gezeigt.

2.4 Sonstige technische Bestimmungen

Als technische Bestimmungen zählen auch die speziellen Festlegungen von
Fachverbänden wie:
AGI   — Arbeitsgemeinschaft Industriebau e. V.
DAS   — Deutscher Ausschuß für Stahlbeton
ETB   — Ausschuß für einheitliche technische Baubestimmungen
VDE   — Verband Deutsche Elektrotechniker
RAL   — Reichsausschuß für Lieferbedingungen und Gütesicherungen

Die für Erzeugnisgruppen, nicht für Firmen geschaffenen **Gütezeichen** bieten
für die vorgeschriebene Güte eines Erzeugnisses Gewähr. Die technischen Gü-
tebedingungen, von Fachleuten gemeinsam erarbeitet, sind die Grundlage für
die Güteüberwachung. Sie gelten als Ergänzung der DIN. Dazu kommen die
handwerklichen Vorschriften, wie z. B. die Richtlinien des Zentralverbands des
Dachdeckerhandwerks.

Eine weitere Gruppe bilden spezielle Vorschriften, die in der Regel nicht für alle
Bauten bzw. Auftraggeber gelten. Dazu zählen z. B. im Bereich der Deutschen

Bundesbahn die Anweisungen für Abdichtungen von Ingenieurbauwerken — AIB.

2.5 Erlasse, Verordnungen

Die Bundes- und Landesbehörden veröffentlichen in ihren Verkündigungsblättern Erlasse bzw. Verordnungen, die besagen, wie im Rahmen gesetzlicher Bestimmungen die Durchführung allgemein gehaltener Vorschriften vorzunehmen ist. Auch die Einführung neuer Verfahren, z. B. die Bauabwicklung mit elektronischer Datenverarbeitung, wird auf diesem Weg geregelt.

2.6 Zulassung neuer Baustoffe, Bauteile, Bauarten

Gemäß den Bestimmungen über die allgemeine baupolizeiliche Zulassung neuer Baustoffe und Bauarten (vom 31. Dezember 1937) werden auf Antrag und nach positiver Prüfung einzelne neue Baustoffe, neue Bauteile, sowie neue Bauarten allgemein zugelassen. Den einzelnen Bauaufsichtsbehörden bleibt es dennoch unbenommen, im Einzelfall weitere Auflagen zu machen oder die Verwendung einer allgemein zugelassenen Bauart auszuschließen. Über die allgemeine bauaufsichtliche Zulassung neuer Baustoffe und Bauarten für die Landesgebiete entscheiden die obersten Bauaufsichtsbehörden nach den Festlegungen der Bauordnungen.

2.7 Änderungen technischer Grundlagen

Sofern der Gesetzgeber neue Gesetze erläßt, welche eine bestimmte und auf die Bautechnik sich auswirkende Zielsetzung beinhalten, werden diese in der Regel von Durchführungsverordnungen und evtl. Änderungen im Normenwerk ergänzt.

Dazu dieses Beispiel:
Wärmeschutz

a. Gesetze: Gesetz zur Einsparung von Energie in Gebäuden (Energieeinsparungsgesetz — EnEh) vom 22. Juli 1976, geändert durch Gesetz vom 20. Juni 1980.

b. Verord- Verordnung über einen energiesparenden Wärmeschutz bei
   nungen: Gebäuden (Wärmeschutzverordnung — WärmeschutzV) vom 11. August 1977, geändert am 24. Februar 1982, gültig ab 1. Januar 1984.
   Verordnung über energiesparende Anforderungen an heizungstechnische Anlagen sowie Brauchwasseranlagen (Heizungsanlagen-Verordnung) vom 24. März 1977, geändert am 24. Februar 1982, gültig ab 1. Juni 1982.
   Verordnungen über energiesparende Anforderungen an den Betrieb von heizungstechnischen Anlagen und Brauchwasseranlagen (Heizungsbetriebs-Verordnung) vom 24. März 1977, gültig ab 1. November 1977.

c. Normen: DIN 4108 Wärmeschutz im Hochbau, Ausgabe August 1981
   Teil 1 Größen und Einheiten
   Teil 2 Wärmedämmung und Wärmespeicherung, Anforderungen und Hinweise für Planung und Ausführung,
   Teil 3 Klimabedingter Feuchteschutz, Anforderungen und Hinweise für Planung und Ausführung,
   Teil 4 Wärme- und feuchteschutztechnische Kenn-Werte
   Teil 5 Berechnungsverfahren

3 Angebotsverfahren

Ein Vertrag kommt durch Annahme eines Angebots zustande, d. h. zunächst hat der Bieter bzw. haben mehrere Bieter je ein Angebot zu unterbreiten. Damit es vorgelegt werden kann, ist zuvor genau zu definieren, was der Gegenstand des Angebotes sein soll. Die dafür notwendigen Informationen über die geforderte Leistung sind vom Auslober (dem späteren sog. Auftraggeber) in den **Verdingungsunterlagen** an den Bieter zu geben. Man bezeichnet dieses Verfahren zur Erlangung von Angeboten als Ausschreibung. **BGB § 145 ff.**

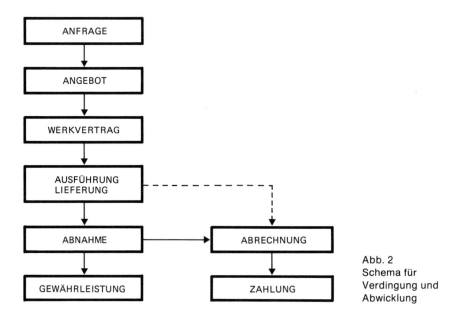

Abb. 2
Schema für
Verdingung und
Abwicklung

3.1 Vergabearten

Die Verdingungsordnung für Bauleistungen sieht grundsätzlich folgende drei Arten der Vergabe vor: **VOB/A § 3**

1. Öffentliche Ausschreibung,
   d. h. Aufforderung zur Abgabe eines Angebotes an eine unbeschränkte Zahl von Unternehmern;
2. Beschränkte Ausschreibung,
   d. h. Aufforderung zur Abgabe eines Angebots an eine beschränkte Anzahl ausgewählter Unternehmer, evtl. nach öffentlichem Teilnahmewettbewerb.
3. Freihändige Vergabe,
   d. h. Vergabe ohne ein förmliches Verfahren auf der Grundlage eines Angebots. Diese Vergabeart wird dort angewendet, wo eine Wettbewerbssituation nicht gegeben ist (Beispiel konkurrenzloses, spezielles Produkt, das allein verwendet werden kann).

Einzelheiten zu diesen drei Vergabearten sind in VOB/A § 3 geregelt. Diese Festlegungen sind für die Vergabe von Bauleistungen der öffentlichen Hand vorgeschrieben. Bei privaten Bauvorhaben können sie angewandt werden.

3.2 Wettbewerbsteilnehmer

Welche Unternehmer an einem Wettbewerb teilnehmen können, bleibt im privaten Bereich der Auswahl des Auslobers vorbehalten. Für die Baumaßnahmen der öffentlichen Hand gelten jedoch ausschließlich die Festlegungen der Verdingungsordnung, sowohl für den Kreis der Wettbewerbsteilnehmer als auch für die Art der Bekanntmachung der Ausschreibungen.

VOB/A § 8
VOB/A § 17

VOB/A § 8

Bei privaten Bauten sollten die für die Auswahl der Unternehmer bei Projekten der öffentlichen Hand anzulegenden Maßstäbe auch angewandt werden. Nach erfolgter Festlegung der für die Ausführung der einzelnen Leistungen in Betracht kommenden Unternehmer fragt man zweckmäßig schriftlich bei diesen an, ob sie bereit sind, ein Angebot zu unterbreiten. Bereits bei dieser ersten Anfrage ist es wichtig, einige Aussagen über Art und Umfang der auszuschreibenden Arbeiten sowie den vorgesehenen Zeitraum der Ausführung zu machen. Man vermeidet dadurch weitgehend, trotz späterer Aufforderung ein Angebot nicht zu erhalten.

Beispiel für eine Voranfrage zur Ausschreibung (vorgedruckter Formbrief). Antwort des Unternehmers nur bei Interesse erforderlich.

— Adresse —

Datum: 27. 2. 85

Betr.: Angebot über: Fenster- und Verglasungsarbeiten (DIN 18335/18361)
Bauherr: Eheleute Schulz, Kastanienweg 3 a, 851 Fürth
Baustelle: Vestnerstr. 105, 851 Zirndorf/Fürth

Falls Sie bis spätestens 15. 3. 1985 schriftlich mitteilen, daß Sie bereit sind, ein für den Bauherrn kostenloses und unverbindliches Angebot zu unterbreiten, werden Ihnen die Ausschreibungsunterlagen in doppelter Ausfertigung zugesandt.

Vorgesehene Abgabe des Angebots: 10. 4. 1985

Umfang wesentlicher Leistungen: 21 Stck. Fenster (über 4 qm)
12 Stck. Fenster (unter 4 qm)
Doppelverglasung (Verbundscheiben)
Fensterkonstruktion Holz/Aluminium (alternativ)

**Vorgesehene Ausführungsfristen
an der Baustelle:**   21. 8. 85 — 31. 8. 85

3.3 Das richtige Vergabeverfahren

VOB/A § 4

Die Anwendung des richtigen Vergabeverfahrens kann für die der Annahme des Angebots (Vertrag) folgende Bauabwicklung bedeutsam sein. Es ist deshalb so zu vergeben, daß eine **einheitliche Ausführung** und eine **zweifelsfrei umfassende Gewährleistung** erreicht werden. Umfangreiche Bauleistungen können in Lose (Teilabschnitte einer Leistung) gegliedert vergeben werden, bzw. nach Fachlosen, die jeweils alle technisch zusammenhängenden Arbeiten eines bestimmten Gewerbezweigs umfassen. Hier ist zu beachten, daß ein Auftraggeber dann die Ausführung einer nach dem Zustandekommen des Werk- **VOB/B § 1, 4** vertrages zusätzlich geforderten Leistung verweigern kann, wenn sein Betrieb auf derartige Leistungen nicht eingerichtet ist. Werden solche Leistungen dennoch — auch bereits in den Verdingungsunterlagen — verlangt, so ist der Bieter gezwungen, einen anderen Unternehmer als Nachunternehmer einzuschalten, wodurch in der Regel wegen der erforderlichen Geschäftskostenzuschläge des Hauptunternehmers höhere Angebotspreise kalkuliert werden müssen. Im Interesse der umfassenden Gewährleistung ist jedoch anzuraten, die technologisch zusammenhängenden Leistungen, welche zur Herbeiführung eines bestimmten Erfolgs erforderlich sind, in eine Hand zu vergeben.

Beispiel: Herstellung einer wasserdichten Wanne im Erdreich.
Die Abdichtungsarbeiten gegen drückendes Wasser (DIN 18 336) werden im Regelfall von Spezialunternehmen ausgeführt. Wegen der fachtechnischen Bedingungen der Ausführung, der Ansprüche an den Untergrund, wegen des sachgemäßen Schutzes der vollendeten Abdichtung und der sich aus diesen Zusammenhängen ergebenden Koordinationsaufgaben für die Abwicklung der Arbeiten, sollte der Hauptunternehmer neben den Erd-, Stahlbeton- und Wasserhaltungsarbeiten auch mit der Ausführung der Abdichtungsarbeiten gegen drückendes Wasser beauftragt werden. Er wird diese Arbeiten nicht mit seinem eigenen Betrieb ausführen, sondern sie an ein erfahrenes Fach- **Vergl. 10.5** unternehmen im eigenen Namen und für eigene Rechnung (Nachunterneh- **VOB/A § 21** mer) weitervergeben. Der Auslober kann verlangen, daß im Angebot die als **VOB/B § 4, 8** Nachunternehmer vorgesehenen (Fach-)Unternehmen bezeichnet werden.

Die Verdingungsordnung verlangt, daß der Bieter die Preise, die er für seine Leistung fordert, in dem Angebot anzugeben hat. Wie dies im Einzelnen ge- **VOB/A § 6** schehen hat, ist in den Verdingungsunterlagen vom Auslober vorzuschreiben.

3.4 Einzel-/Generalvergabe

Vor Erstellung der Verdingungsunterlagen sollte man festlegen, ob die Bauleistungen einzeln ausgeschrieben und an einzelne Unternehmer vergeben werden sollen, oder ob als Auftragnehmer für alle oder mehrere Gewerke ein oder mehrere Generalunternehmer vorzusehen sind. Die Entscheidung für die eine oder andere Art der Vergabe kann man auch evtl. erst dann treffen, wenn beispielsweise wegen des Wettbewerbs parallel sowohl einzelne Bauleistungen, als auch die Gesamtleistung ausgeschrieben wurden und die Angebote vorliegen.

Die Vergabe von Bauleistungen verschiedener Art und größeren Umfangs an einen Generalunternehmer kann besonders dann für den Auftraggeber wirtschaftliche, rechtliche und organisatorische Vorteile bieten, wenn die geforderten Bauleistungen ganz oder teilweise auf firmeneigenen Verfahren beruhen.

4 Verdingungsunterlagen

Ausschreiben einer gewünschten Leistung und/oder Lieferung bedeutet, den oder die Bieter über die technischen, qualitativen, quantitativen und rechtlichen Bedingungen zu informieren. Diese Informationen müssen umfassend und eindeutig sein.

In den Verdingungsunterlagen wird die Basis für das später einzugehende Vertragsverhältnis begründet. Was hier nicht geregelt ist, kann später zu Konflikten führen. Die sorgfältige Analyse der für den Einzelfall maßgebenden technischen und rechtlichen Umstände muß ihren Niederschlag in den Vertragsbedingungen und im Leistungsverzeichnis finden.

Die Verdingungsunterlagen sind generell in folgende Teile zu gliedern, wobei sie bei Widersprüchen im Vertrag in dieser Reihenfolge **nacheinander** gelten:

VOB/B § 1   **Bezeichnung**   **Inhalt:**

Bezeichnung	Inhalt:
a) die Leistungsbeschreibung	technisch
b) die Besonderen Vertragsbedingungen	rechtlich
c) etwaige Zusätzliche Vertragsbedingungen	rechtlich
d) etwaige Zusätzliche Technische Vorschriften	technisch
e) die Allgemeinen Technischen Vorschriften für Bauleistungen (ATV = VOB/C)	technisch
f) die Allgemeinen Vertragsbedingungen für die Ausführung von Bauleistungen	rechtlich

BGB § 631
Vergl. 1.3
Vergl. 1.5

Ergänzend gelten die Bestimmungen des BGB über den Werkvertrag. Der Hinweis darauf erübrigt sich, da es nach geltendem Recht selbstverständlich ist.

Im Interesse einer klaren und wirtschaftlichen Angebots-Preisbildung sind die Verdingungsunterlagen so abzufassen, daß unkalkulierbare Risiken ausgeschlossen bleiben. Es sind dazu die in den ATV enthaltenen Hinweisen für die

Vergl. 2.2   Leistungsbeschreibung zu beachten.

4.1 Leistungsbeschreibung

VOB/A § 9   Man unterscheidet zwei Arten von Leistungsbeschreibungen:
1. Leistungsbeschreibung mit Leistungsverzeichnis
2. Leistungsbeschreibung mit Leistungsprogramm.

Diesen ist jeweils eine allgemeine Beschreibung der Baumaßnahme voranzustellen.

Im **Leistungsverzeichnis** werden die anzubietenden Leistungen im Einzelnen beschrieben und die auszuführenden Mengen je Leistungseinheit (Position) definiert. Maßgebend für die Formulierungen in den Leistungsbeschreibungen

VOB/C   sind die in den ATV enthaltenen Festlegungen.

Allgemein gültige technische Aussagen, die für mehrere Positionen zutreffen, können den Einzelbeschreibungen als sog. **Vorbemerkungen** vorangestellt werden. Dieses Vorgehen erspart Wiederholungen und verkürzt die Texte der Leistungsbeschreibung. Um diese Vorbemerkungen jedoch besonders hinsichtlich der Vergütung eindeutig zu fassen, sollten sie auf diese Einleitung abgestimmt sein, die jeweils den ersten Satz bildet:

„Nebenleistungen ergeben sich aus den Bestimmungen des Vertrages. Hierzu **Vergl. 2.2** gehören u. a. auch, soweit sie nachstehend aufgeführt sind:"
Und dazu als Beispiel für eine Bestimmung zu DIN 18 330 Mauerarbeiten:
„Bei Sichtmauerwerk im Rauminnern sind die Fugen 15 mm tief auszukratzen."

Dies besagt:

a) Das Auskratzen der Fugen hat bei allen Sichtmauerwerksflächen im Inneren von Räumen zu erfolgen.
b) Einer weiteren Erwähnung in den entsprechenden Positionen des Leistungsverzeichnisses, in denen das Sichtmauerwerk technisch und qualitativ beschrieben ist, bedarf es nicht.
c) Es handelt sich um eine Nebenleistung, die mit dem Preis für die einschlägige Position abgegolten ist. Also ist bei der Kalkulation des Einheitspreises (EP) die Leistung „Auskratzen der Fugen" einzurechnen.

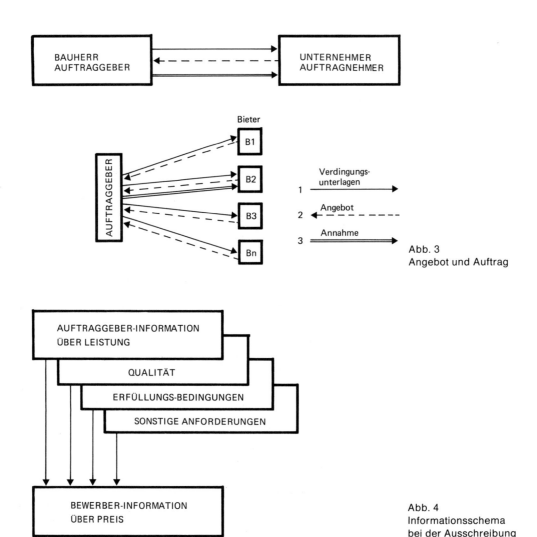

Abb. 3
Angebot und Auftrag

Abb. 4
Informationsschema
bei der Ausschreibung

Sofern es sich bei einer in den Vorbemerkungen enthaltenen Aussage nicht um eine Nebenleistung sondern um eine Ausführungsanweisung handelt, ergibt sich keine Auswirkung auf den Preis. Beispiel dafür: „Alle 11,5 cm dicken Sichtmauerwerkwände sind als Läuferverband um $^1/_4$ Stein versetzt, vertikal steigend auszuführen."

Generell sollen Leistungsbeschreibungen untergliedert sein, so daß sich überschaubare Abschnitte eines Leistungsverzeichnisses ergeben.

Beispiel A: Rohbauarbeiten

Titel 1	Baustelleneinrichtung (a)	—
Titel 2	Erdarbeiten	DIN 18 300
Titel 3	Verbauarbeiten	DIN 18 303
Titel 4	Wasserhaltungsarbeiten	DIN 18 305
Titel 5	Entwässerungskanalarbeiten	DIN 18 306
Titel 6	Mauerarbeiten	DIN 18 330
Titel 7	Stahlbetonarbeiten (b)	DIN 18 331
Titel 8	Betonstahlarbeiten (b)	DIN 18 331
Titel 9	Stahlbauarbeiten (c)	DIN 18 335
Titel 10	Abdichtungsarbeiten	DIN 18 337
Titel 11	Verschiedene Arbeiten (d)	—
Titel 12	Stundenlohnarbeiten (e)	—

Erläuterungen zu dieser Gliederung:

(a) Nur bei größeren Bauten ist es sinnvoll, die Baustelleneinrichtung als eigenen Teil (Titel) des LV zu behandeln. Bei kleineren Bauten, wie Ein- und Zweifamilienhäusern, entfällt dieser Titel; die Kosten der Baustelleneinrichtung werden in die EP eingerechnet.

(b) Die Trennung in Stahlbeton- und Betonstahl-Arbeiten ist nicht erforderlich, wird aber bei großen Stahlbeton-Massivbauten häufig angewandt, um die Kostenrelation dieser Arbeiten besser überschauen zu können.

Vergl. 3.3

(c) Stahlbauarbeiten sollten nur dann nicht als eigene Leistung unter Stahlbaufirmen ausgeschrieben werden, wenn es sich im Vergleich zu den Stahlbetonarbeiten um relativ geringfügige Arbeiten handelt. In der Regel muß ein normales Bauunternehmen für die Durchführung dieser Stahlbauarbeiten einen anderen Unternehmer als Nach- bzw. Subunternehmer einsetzen.

(d) Unter verschiedene Arbeiten sollen alle die Arbeiten erfaßt werden, die den anderen Titeln nicht zugeordnet werden können.

VOB/B § 15

(e) Stundenlohnarbeiten ergeben sich erfahrungsgemäß bei jedem Bauvorhaben. Man versteht darunter Arbeiten, die im Rahmen der Leistungsbeschreibung einzelner Positionen nicht erfaßbar waren oder nicht ausgeschrieben wurden, und die im Zuge der allgemeinen Ausführung der Arbeiten erforderlich werden. In diesem Titel sind neben den Stundenlohnsätzen auch die im Zusammenhang damit zu verrechnenden Material- und Gerätepreise auszuschreiben. Falls sich dennoch im Laufe der Vertragserfüllung die Notwendigkeit ergeben sollte, nicht angebotene Leistungen im Bereich der Stundenlohnarbeiten auszuführen, gelten für die dann erforderliche Preisbildung die Festlegungen VOB/B § 15, sofern nichts anderes vorgesehen wird.

Beispiel B: Schlosserarbeiten

Titel 1 Brandschutztüren
Titel 2 Stahltürzargen für Holztüren
Titel 3 Geländer, Handläufe, Umwehrungen
Titel 4 Gitterroste, Abdeckungen
Titel 5 Kellerfenster
Titel 6 Stundenlohnarbeiten

Erläuterung:
Hier kann die Gliederung der DIN 18 360 Metallbauarbeiten (Ziffer 3.2) sinngemäß zugrunde gelegt werden.

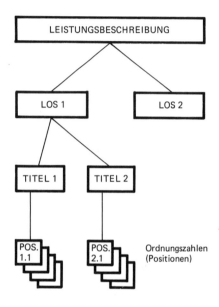

Abb. 5
Gliederung der Leistungsbeschreibung

Die kleinste Einheit einer Leistungsbeschreibung bezeichnet man als **Position.** Hier erfolgt die Definition der geforderten Leistung nach Art, Qualität, Quantität und Dimension. Dafür hat der Bieter seinen Preis anzubieten.

Zulage zu einer Position ist ein qualitativer und quantitativer Zusatz zu einer bereits an anderer Stelle beschriebenen Leistung. Der dafür anzubietende Preis wird einzeln berechnet, die Leistung beim Aufmaß der Grundposition zunächst übermessen.

Behält man sich eine andere Art oder Qualität der Leistung als die zuvor beschriebene außerdem vor, so wird diese in einer **Alternativ-Position** definiert. Es ist dafür nur der Einzelpreis (EP) anzubieten. Im Fall der Ausführung der Alternativ-Position tritt der hier angebotene Preis an die Stelle des Preises der Erstposition.

Alle Positionen, Zulagen und Alternativen sind durch Ordnungszahlen zu kennzeichnen.

28

Ordnungs-zahl	Leistungs-Definition nach			
	Art	Qualität	Quantität	Dimens.
3. 10.	Mauerwerk der Außenwand	Hohlblocksteine aus Leichtbeton, DIN 18151, Hbl 6/1,0 ZK, 490x300x238, MG II Mauerwerksdicke 30 cm	250	m³
3. 11	Türsturz als **Zulage** zu Pos. 3.10	Stahlbeton, B 25, 0,30x0,25 m, einschl. Schalung und Bewehrung	15	m
3.12	**Alternativ:** Mauerwerk der Außenwand	Kalksandsteine DIN 106 KSVm, 20/1,6, 5 DF (300x240x113), MG II Mauerwerksdicke 30 cm	1/EP	m³

Standardleistungsbuch — StLB

Die Formulierung der Beschreibung der einzelnen Leistungen sollte nach dem Standardleistungsbuch (StLB) erfolgen. Es werden dadurch weitschweifige, ungenaue Texte vermieden, und es werden die Aussagen von den Baufachleuten richtig verstanden.

Das StLB wird vom **G**emeinsamen **A**usschuß **E**lektronik im **B**auwesen (GAEB) aufgestellt, dem Vertreter der öffentlichen und privaten Auftraggeber, der Architekten, der Ingenieure und der Bauwirtschaft angehören, in Verbindung mit dem Deutschen Verdingungsausschuß für Bauleistungen (DVA) und vom Deutschen Institut für Normung e. V. (DIN) herausgegeben.

Die nach Leistungsbereichen gegliederten StLB enthalten **Standardbeschreibungen,** das sind vorgegebene Texte für Allgemeine Bestimmungen zur Leistungsbeschreibung und für Zusätzliche Technische Vorschriften, sowie **Standardleistungsbeschreibungen,** das sind vorgegebene Texte zur Beschreibung von Leistungen oder Teilleistungen; sie enthalten die Angaben über Bauart, Bauteil, Baustoff und Dimension für den Herstellungsvorgang und die Qualität einer Leistung.

Das Prinzip des StLB beruht auf der Anwendung von hierarchisch gegliederten Textbausteinen, die zu Standardleistungsbeschreibungen zusammengefügt werden. Die Anwendung des StLB kann sowohl manuell als auch mit elektronischen Datenverarbeitungsanlagen erfolgen. Die Textbausteine des StLB lassen, soweit nötig, Ergänzungen zu. Besondere Beschreibungen, die im StLB nicht enthalten sind, können frei formuliert werden. Über Aufbau und Anwendung des StLB unterrichten die Schriften des GAEB (3).

Für die Bauaufgaben des Bundes ist die Anwendung des StLB ab 1. 1. 1973 angeordnet, für die Bauten der Gemeinden und Gemeindeverbände seit dem 14. 11. 1973 empfohlen.

T1	T2	T3	T4	T5	Einh	Langtext	K-Nr.	Kurztext
						6 Bewehrung		
415						Betonstabstahl DIN 488,		Betonstabstahl
	1					I G,		I G
	2					I R,		I R
	3					III U,		III U
	4					III K,		III K
	5					.... ,	21	....
								(17)
		1				alle Durchmesser,		
		2				Durchmesser 6 mm,		
		3				———— bis 10 mm,		
		4				———— über 10 bis 20 mm,		
		5				———— über 20 bis 28 mm,		
		6				———— über 28 bis 40 mm,		
		7				———— .... ,	22	
		01				Längen bis 14,00 m,		
		02				——— über 14,00 m,		
		03				——— .... ,	31	
		04				alle Längen,		
			01			liefern, schneiden, biegen und verlegen.		
			02			————————————— abladen.		
			03			————————— und biegen.		
			04			——— und abladen.		
			05			bauseits geliefert, abladen, schneiden, biegen und verlegen.		
			06			bauseits geliefert, schneiden, biegen und verlegen.		
			07			—————————, verlegen.		
			08			—————————, abladen und verlegen.		
			09			....	41	
				01	t			
				02	kg			
416						Profilstahl zur Unterstützung für schwere Bewehrung.		Profilstahl
417						————	11	Profilstahl
	01					Profil	21	
		01			t			
		02			kg			

Abb. 6
Beispiel einer StL-Textseite

Das StLB ist als eine der Grundlagen für die integrierte Datenverarbeitung im Bauwesen, welche die Auftraggeber- und die Auftragnehmerseite umfaßt, vorgesehen, u. a. mit dem Ziel, Erfahrungswerte zu speichern und bei zukünftigen Bauvorhaben nutzbar zu machen.

Abb. 7
Erfassen von Standardleistungsnummern (Muster eines Eingabeformulars)
— (StLB 013, Ausgabe 5.81)

OZ [1]	StL-Nr.						Textergänzung		Menge
	LB-Nr.	L-Nr.					K-Nr.	Text	
		T1	T2	T3	T4	T5			
*	013	030	01	21	40	07			100
*	013	195	10	00	00	03			250
*	013	415	44	01	01	01			2

Abb. 8
Standardleistungsbeschreibungen in einem Leistungsverzeichnis mit StL-Nr.:
(StLB 0/3, Ausgabe 5.81)

OZ [1]	Text	Menge	Einh	Einheits- preis		Gesamt- preis	
				DM	Pf	DM	Pf
*	013 030 01 21 40 07 Ortbeton des Streifenfundamentes, obere Betonfläche waagerecht, aus Stahlbeton, als Normalbeton DIN 1045 B 25. Breite bis 40 cm.	100	m^3	. . . . .	. .	. . . . .	. .
*	013 195 10 00 00 03 Schalung des Streifenfundamentes. Im Erdreich. Höhe bis 1,00 m.	250	m^2	. . . . .	. .	. . . . .	. .
*	013 415 44 10 01 01 Betonstabstahl DIN 488 III K, Durchmesser über 10 bis 20 mm, Längen bis 14,00 m, liefern, schneiden, biegen und verlegen.	2	t	. . . . .	. .	. . . . .	. .

[1] OZ = Ordnungszahl (Position)

Erläuterungen zu den Abbildungen 6 bis 8

OZ = Ordnungszahl (Position)

LB-Nr. = 3stellige Nummer des Leistungsbereiches.

L-Nr. = 11stellige Leistungsnummer, ist die Summe der Textteilnummern (T1= 3stellig, T2 bis T5 = je 2stellig)

StL-Nr. = 14stellige Standardleistungsnummer, setzt sich zusammen aus der 3stelligen LB-Nr. und der 11stelligen L-Nr.

K-Nr. = 2stellige Kennummer, kennzeichnet die Textergänzung

Die 14 Stellen der Standardleistungsnummer verringern sich entsprechend, wenn weniger als fünf Textteile aneinandergefügt werden.

Dem technischen Fortschritt folgend legt der GAEB zu gegebener Zeit Neu-auflagen der Standardleistungsbücher vor, welche die Änderungen der ein-schlägigen DIN-Normen berücksichtigen und Verbesserungen der Textteile beinhalten.

Die Anwendung des StLB mit Hilfe elektronischer Datenverarbeitungsanlagen wird in „Stichwort: AVA — Band 2" behandelt.

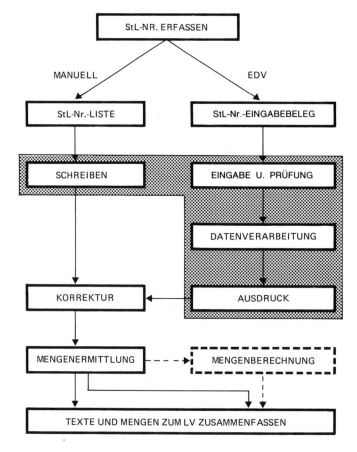

Abb. 9
LV-Bearbeitung
mit Standard-
leistungs-
buch

Bei der Leistungsbeschreibung mit **Leistungsprogramm** erstreckt sich der **VOB/A § 9** Wettbewerb auch auf die technisch, wirtschaftlich und gestalterisch beste so-wie funktionale Lösung der Bauaufgabe (funktionale Leistungsbeschreibung). Diese Art der Ausschreibung ist nur in besonderen Fällen anzuwenden, da sie vom Wettbewerber einen sehr hohen Aufwand zur Angebotsbearbeitung ver-langt.

Die Erstellung eines Leistungsprogramms erfordert auf Seiten des Ausschreibenden den hochqualifizierten Fachmann, wenn nicht Unsicherheiten in der Preisbildung sowie in der Qualität zu nicht vergleichbaren Angeboten führen sollen.

Abb. 10
Arbeitsweise
beim Erstellen
einer Aus-
schreibung

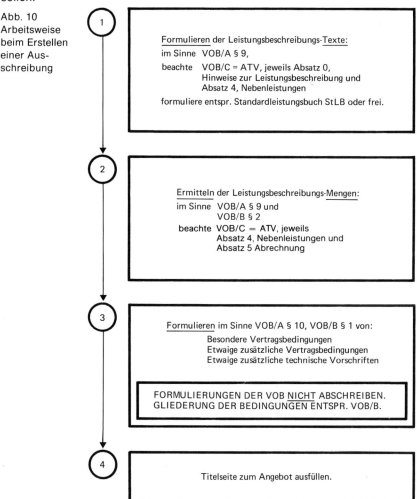

①

Formulieren der Leistungsbeschreibungs-Texte:

im Sinne VOB/A § 9,

beachte VOB/C = ATV, jeweils Absatz 0,
Hinweise zur Leistungsbeschreibung und
Absatz 4, Nebenleistungen

formuliere entspr. Standardleistungsbuch StLB oder frei.

②

Ermitteln der Leistungsbeschreibungs-Mengen:

im Sinne VOB/A § 9 und
VOB/B § 2

beachte VOB/C = ATV, jeweils
Absatz 4, Nebenleistungen und
Absatz 5 Abrechnung

③

Formulieren im Sinne VOB/A § 10, VOB/B § 1 von:

Besondere Vertragsbedingungen
Etwaige zusätzliche Vertragsbedingungen
Etwaige zusätzliche technische Vorschriften

FORMULIERUNGEN DER VOB NICHT ABSCHREIBEN.
GLIEDERUNG DER BEDINGUNGEN ENTSPR. VOB/B.

④

Titelseite zum Angebot ausfüllen.

4.2 Die Besonderen Vertragsbedingungen

Diese regeln **Abweichungen** von den Bestimmungen der VOB/B (Allgemeine Vertragsbedingungen für die Ausführung von Bauleistungen — DIN 1961).

VOB/A § 10
VOB/B § 1
Vergl. 1.5

Die besonderen Vertragsbedingungen sind dann wesentlicher Bestandteil der Verdingungsunterlagen, wenn sie die Preiskalkulation oder das unternehmerische Risiko des AN beeinflussen. Daraus resultieren häufig entsprechend höhere Angebotspreise. Darum ist vor der Abfassung der Besonderen Vertragsbedingungen ihre mögliche kostenerhöhende Wirkung zu bedenken, der oft eine größere Sicherheit des AG gegenübersteht. Bei der Formulierung ist

AGB

darauf zu achten, daß die Vorschriften des Gesetzes zur Regelung des Rechts der Allgemeinen Geschäftsbedingungen gewahrt bleiben.

Beispiele abweichender Regelungen: **VOB/B § 2**

a) Vergütung

  z. B. 1) ob bei einem vorgesehenen Pauschalvertrag und späteren wesentlichen Abweichungen in der Bauausführung und unter welchen Bedingungen evtl. Mehrforderungen des AN vom AG akzeptiert werden,

  2) ob für im Vertrag nicht vorgesehene Leistungen in jedem Fall vor ihrer Ausführung der Preis schriftlich zu vereinbaren ist,

  3) ob Lieferungs-, Zahlungs- oder sonstige Bedingungen des AN gültig sein können,

  usf.

b) Ausführungsunterlagen   **VOB/B § 3**

  z. B. 1) ob der AN die Ausführungsunterlagen in beliebiger Ausfertigung unentgeltlich erhält oder die Anzahl begrenzt wird,

  2) ob der AN übergebene Unterlagen in welcher Hinsicht zu prüfen hat,

  usf.

c) Ausführung   **VOB/B § 4**

  z. B. 1) ob der AN trotz Bedenken gegen die Art der vorgesehenen Ausführung oder aus anderen Gründen die Arbeit dennoch nach schriftlicher Mitteilung an den AG weiterführen darf oder sie in jedem Fall bis zur schriftlichen Vereinbarung über die Weiterführung einzustellen hat,

  2) ob der AG Akkordarbeiten zuläßt,

  usf.

d) Gefahrtragung   **VOB/B § 7**

  z. B. ob die Regelung des BGB über die Gefahrtragung an die Stelle **BGB § 644** der VOB/B-Regelung über die Verteilung der Gefahr treten soll.

e) Haftung   **VOB/B § 10**

  z. B. ob die Eingrenzung der Schadenshaftung des AN auf das versicherbare Risiko nach den AHB beschränkt bleiben soll.   **BGB § 638**

f) Gewährleistung

  z. B. 1) ob die Verjährungsfrist nach VOB/B 2 Jahre oder nach BGB **VOB/B § 13** 5 Jahre dauern soll,   **BGB § 638**

  2) Ob Einschränkungen oder Erweiterungen der Haftung in begründeten Sonderfällen vereinbart werden sollen.

  Die Besonderen Vertragsbedingungen sollten auf die Punkte **VOB/A § 10** beschränkt bleiben, wo der AG glaubt, im Rahmen der gesetzlichen Bestimmungen die Allgemeinen Vertragsbedingungen ändern zu müssen, um nicht den in VOB/B enthaltenen, einschränkenden Regelungen zu unterliegen.

4.3 Die Zusätzlichen Vertragsbedingungen

Hier sind die **zusätzlich** zu den Bestimmungen der VOB/B bzw. VOB/A erfor- **VOB/A § 10** derlichen bzw. gewünschten Regelungen unter Einschluß der Kostentragung zu **VOB/B § 1** treffen. Dazu zählen folgende Punkte: **Vergl. 1.5**

VOB/A § 20	a) Ausführungsunterlagen
VOB/B § 3	z. B. 1) was unter **rechtzeitiger** Übergabe der für die Ausführung notwendigen Unterlagen zu verstehen ist,
	2) welche Unterlagen der AN selbst zu beschaffen hat,
	usf.

VOB/B § 4, 4   b) äußere Baustellenbedingungen,

        z. B. 1) ob und unter welchen Bedingungen Lager und Arbeitsplätze eingerichtet und benutzt werden können (Lärm, Gefahr für Dritte, Umweltschutz usw.),

             2) ob und welche Zufahrtswege, Anschlußgleise, vorhanden sind oder neu bzw. vorläufig für den Baubetrieb hergestellt werden müssen,

             3) ob ausreichender Platz an der Baustelle für die Unterbringung der Baustelleneinrichtung vorhanden ist oder ob Einschränkungen bestehen,

             4) ob, wo und welche Anschlüsse zur Verfügung stehen, dauerhaft oder vorläufig einzurichten sind für Wasser, Abwasser, Gas, Starkstrom, Telefon, Fernschreiber usw. Wer trägt die Anschlußkosten, wer die Verbrauchskosten?

             5) ob und welche Zwänge für den Bauablauf, die Baustelleneinrichtung und den Betrieb der Baustelle aus der Art des Bauwerks, seiner Konstruktion und dgl. zu beachten sind.

             6) ob der AN den verantwortlichen (Fach-)Bauleiter — auch im Sinne landesrechtlicher Vorschriften — stellen soll,

        usf.

VOB/B § 4, 8   c) Weitervergabe an Nachunternehmer

        z. B. ob beliebige Nachunternehmer eingesetzt werden dürfen, oder ob dies von der Zustimmung des AG abhängig gemacht wird.

        usf.

VOB/A § 11
VOB/B § 5
BGB § 631   d) Ausführungsfristen

zählen zu einem wesentlichen Erfolgs-Kriterium i. S. des Werkvertrages, da es entscheidend wichtig sein kann, ein Bauwerk nicht nur zu einem bestimmten Preis und in definierter Qualität, sondern auch in einer festgelegten Frist zu errichten. Dadurch werden die kalkulativen Grundlagen bei der Angebotsbearbeitung hinsichtlich des Personal- und Geräteeinsatzes, des Bauablaufs und der Baustoffe berührt. Darum sind Angaben über die Ausführungsfristen nötig,

        z. B. 1) Festlegung der Frist in Arbeitstagen,

             2) Bestimmung eines Starttermins für den Beginn der Arbeiten auf der Baustelle,

             3) Bestimmung eines Endtermins für die Beendigung der Arbeiten auf der Baustelle,

             4) Angaben über evtl. Zwischentermine,

             5) ob, in welcher Art und von wem ein Bauzeitplan (Balkenplan, Netzwerk) erstellt ist oder noch aufzustellen ist, wie die Terminkontrollen erfolgen sollen und wer für die terminliche Koordination der Arbeiten (auch anderer Gewerke) im Laufe des Bauens sorgt.

        usf.

VOB/A § 13
VOB/B § 10
BGB § 638   e) Haftung und Gewährleistung,

        z. B. 1) welche evtl. besonderen Risiken i. S. der Allgemeinen Versicherungs-Bedingungen für Haftpflicht-Versicherung (AHB) in die Haftpflichtversicherung des Auftragnehmers einzuschließen sind.

2) ob der AG eine Bauwesenversicherung abschließen wird, zu wel- **VOB/A § 12**
chen Bedingungen, mit welchem Selbstbehalt im Schadensfall.   **VOB/B § 11**
usf.

f) Vertragsstrafen und Beschleunigungsvergütungen
   z. B. 1) ob Strafen oder Prämien bei Terminüber- bzw. -unterschreitung
            vorgesehen sind und in welcher Höhe,
          2) wie diese berechnet werden (nach angefangenen Tagen, Wochen
            o. ä.)
         usf.

g) Abnahme   **VOB/B § 12**
   z. B. 1) welche der möglichen Abnahmearten vorgenommen werden soll,
            z. B. förmliche Abnahme der Gesamtleistung,
          2) ob Besonderheiten der Betriebszustände von Anlagen mehrere
            Abnahmen erfordern (Klimaanlage bei Winter- und Sommerbe-
            trieb),
          3) ob Leistungsmessungen gefordert werden,
          4) wie die Mängelbeseitigung vorzunehmen ist.
         usf.

h) Vertragsart, Abrechnung   **VOB/A § 5**
   z. B. 1) ob ein Leistungsvertrag, Stundenlohnvertrag oder Selbstkosten- **VOB/B § 14**
            erstattungsvertrag vorgesehen ist,
          2) in wievielfacher Ausfertigung Rechnungen zu stellen sind,
          3) ob die Abrechnung manuell oder mit EDV erfolgt,
          4) ob Fristen für die Abrechnung gestellt werden,
          5) ob Sonderregelungen zu den Aufmaßvorschriften der ATV getrof-
            fen werden,
          6) ob eine Pauschalsumme gebildet werden soll, und wie der Zah-
            lungsplan zu regeln ist,
         usf.

i) Stundenlohnarbeiten   **VOB/B § 15**
   z. B. 1) ob die Kosten für evtl. erforderliche Aufsichtspersonen gesondert
            vergütet werden oder in die Preise einzurechnen sind.
          2) ob Fristen für die Abrechnung der Stundenlohnarbeiten gestellt
            werden.
         usf.

k) Zahlung   **VOB/B § 16**
   z. B. 1) ob die in der VOB/B § 16 vorgesehenen Zahlungsfristen eingehal-
            ten werden können,
          2) bis zu welcher Höhe des nachgewiesenen Leistungsstands Ab-
            schlagszahlungen geleistet werden sollen,
          3) ob Vorauszahlungen beabsichtigt sind,
          4) ob ein Zahlungsplan vorgesehen ist,
          5) ob die Abtretung von Forderungen an Dritte zulässig ist.
          6) in welcher Währung die Zahlung erfolgen soll,
          7) ob Rückzahlungsklauseln z. B. bis zum Ende der abschließenden
            Prüfung durch eine Revisionsinstanz des AG vorbehalten bleiben,
         usf.

l) Sicherheitsleistung   **VOB/A § 14**
   z. B. 1) Wie hoch der als Sicherheit einzubehaltende Betrag in v. H. der **VOB/B § 17**
            Auftrags- oder Abrechnungssumme anzusetzen ist,

	2) ob die Ablösung des Betrages durch eine Bankbürgschaft zulässig ist,
	3) ob der Betrag und in welcher Höhe verzinst werden soll,
	4) ob der Betrag auf ein Sperrkonto eingezahlt werden soll, usf.

VOB/B § 18 m) Gerichtsstand
d. h. welcher Ort als Gerichtsstand gilt.

VOB/A § 9
VOB/B § 2 n) Lohn- und Gehaltsnebenkosten
sofern sie gesondert vergütet werden sollen, in welcher Art dies im Angebot anzugeben ist.

VOB/A § 15
VOB/B § 2 o) Änderungen der Vertragspreise
z. B. 1) ob alle Preise für die Dauer der ganzen Bauzeit als Festpreise gelten,
2) ob zeitlich befristete Festpreise gelten sollen für Lohn- und/oder Material,
3) ob Preisgleitklauseln vorgesehen sind,
usf.

VOB/B § 18 p) Streitigkeiten
z. B. 1) ob ein vereinbartes Schiedsgericht anzurufen ist (Schiedsgerichtsordnung für das Bauwesen),
2) ob alle evtl. Streitfragen im ordentlichen Rechtsweg entschieden werden sollen,
usf.

Die Vielzahl der hier aufgeführten Punkte belegt die Bedeutung der Zusätzlichen Vertragsbedingungen. Es ist aufzuzeigen, daß bei jedem Bauvorhaben stets eine Reihe objektspezifischer Regelungen zu bedenken ist, die in den Verdingungsunterlagen definiert werden müssen.

AGB Ein Grundstock von Bedingungen, die insbesondere der erfahrene Baupraktiker generell allen Werkverträgen für Bauvorhaben zugrunde legen will, und die inhaltlich und formal sowohl den **Besonderen** als auch den **Zusätzlichen** Vertragsbedingungen zuzuordnen sind, können auch als sogenannte **Sonderbedingungen** bezeichnet werden. Dieses Vorgehen vermeidet die Neuformulierung vieler Einzelkonditionen bei jedem neuen Bauprojekt.

4.4 Die Zusätzlichen Technischen Vorschriften

VOB/A § 10
Vergl. 2.2 Sie gelten als Ergänzung der ATV und sind den Anforderungen des Einzelfalls entsprechend zu formulieren. Sie können sich z. B. auf gültige DIN beziehen, falls diese nicht den Erfordernissen genügen (dazu zählen besonders Forderungen an die Genauigkeit von Abmessungen, wenn sie sonst nach DIN zulässigen Bautoleranzen zu groß sind, wie es beim Montagebau zutreffen kann).

4.5 Umsatz-(Mehrwert-)Steuer

Die in den Angeboten vom Bieter anzugebenden Preise sind ohne die auf sie entfallende Umsatz-(Mehrwert-)Steuer einzusetzen und rechnerisch bis zum Angebotsendbetrag zu verarbeiten. Auf diesen ist dann als ein prozentualer Anteil entsprechend den jeweiligen gesetzlichen Bestimmungen die Umsatz-(Mehrwert-)Steuer aufzuschlagen. Die Summe aus Netto-Angebotsendbetrag zuzüglich Umsatz-(Mehrwert-)Steuer ergibt die Brutto-Angebotssumme.

5 Angebot und Vertrag

5.1 Angebotsfrist

Im Zuge eines der möglichen Angebotsverfahren werden die Angebote von den **VOB/A § 2,** Wettbewerbsteilnehmern bearbeitet. Dafür steht diesen eine für alle einheitli- **§ 3, § 4, § 6,** che Zeitspanne, die **Angebotsfrist,** zur Verfügung. Sie soll ausreichend bemes- **§ 18** sen sein und selbst bei kleinen Bauleistungen 10 Werktage nicht unterschreiten. Für Angebote an die öffentliche Hand gelten besondere Regelungen (VOB/A § 18 Nr. 3).

Das Zurückziehen bereits vorgelegter Angebote kann bis zum Ablauf der Angebotsfrist erfolgen.

5.2 Eröffnungstermin

Vor allem bei Bauten der öffentlichen Hand findet nach Beendigung der Ange- **VOB/A § 22** botsfrist ein Eröffnungstermin (Submission) statt, bel der die Angebotsendprei- se in Gegenwart der evtl. anwesenden Bieter verlesen werden, nachdem die Angebote den bis dahin ungeöffneten Umschlägen entnommen wurden. Dieses formale Verfahren wird im privaten Bereich seltener angewandt. Man legt hier häufig Wert darauf, die Angebotsergebnisse geheim zu halten (Vorteil bei evtl. Preisverhandlungen).

5.3 Angebotsprüfung

Die eingegangenen Angebote sind in mannigfacher Hinsicht zu prüfen. Es ist **VOB/A § 23** ratsam, die Ergebnisse der Prüfungen schriftlich niederzulegen. Man sollte ein **Protokoll der Angebotsprüfung** erstellen, das sich auf diese Punkte erstrecken kann:

Formal: Vollständigkeit aller geforderten Angaben und Unterlagen, Muster, Nebenangebot, Begleitbrief, . . .

Rechtlich: Rechtsverbindliche Unterschrift(en), Einschränkungen hinsichtlich der Vertragsbedingungen, . . .

Technisch: Alternativen zur ausgeschriebenen Leistung, Vorbehalte gegenüber der ausgeschriebenen Leistung, . . .

Preislich: Angemessenheit der Preise, Rechnerische Richtigkeit, . . .

Die vorgelegten Angebote müssen in ihrem Inhalt den formalen Festlegungen **VOB/A § 21** der allgemeinen Vergabebestimmungen entsprechen. Für besondere Mitteilungen, wie Änderungsvorschläge oder Nebenangebote müssen besondere und deutlich gekennzeichnete Anlagen verwendet werden. Angebote, die den **VOB/A § 23** formalen Bestimmungen nicht entsprechen, brauchen nicht geprüft zu werden. Die rechnerische Prüfung stellt fest, ob die rechnerischen Operationen richtig sind. Evtl. Fehler sind kenntlich zu machen (VOB/A § 23, 3(1)).

Es empfiehlt sich, alle Einheits- und Gesamtpreise aller Bieter vergleichend in einem Preisspiegel gegenüberzustellen. Dies kann manuell oder über EDV geschehen. Die Preise für gleiche Leistungen sind bezüglich ihrer Relation untereinander zu kennzeichnen (beim manuellen Verfahren jeweils der höchste und niedrigste Preis). Aus einem derartigen Preisspiegel kann man sehr schnell ein Urteil über die Angemessenheit der Preise gewinnen.

Ende der Zuschlagsfrist:
20. 4. 1985

ANGEBOT **über**

FASSADEN-VERKLEIDUNGEN

VERWALTUNGSGEBÄUDE
IN FRANKFURT/M.

Bauherr:	Carolus GmbH. & Co. KG Schmitterstr. 102 6000 Frankfurt/M.
Baustelle:	Kurzius-Anlage 8–12 6000 Frankfurt/M.
Planung:	Ing.-Büro C. Möbius Reichenbachstr. 17 6000 Frankfurt/M. Tel.: 0611/70007
Bauüberwachung:	Bau-Real GmbH. & Co. KG Pfungstädter Str. 81 6100 Darmstadt Tel.: 06151/57475

Angebotsabgabe:	am 15. 3. 1985 in Darmstadt, Pfungstädter Str. 81 in verschlossenem Umschlag. Verspätet eingehende Angebote können nicht berücksichtigt werden.

Angebotssumme:	netto . . . . DM	. . . . DM
	.... MWST . . . . DM	. . . . DM
	. . . . DM	. . . . DM
	(v. Bieter einzusetzen)	(geprüfte Summe)

(Stempel des Bieters)

Abb. 11
Titelseite eines Angebotes

Oberes Blatt

BAUVORHABEN:	Verwaltungsbau Thur		GEWERK:	Rohbau - Arbeiten		ANGEBOT VOM:	27.3.76
BAUHERR:	Carolus GmbH + Co KG					BLATT NR.	1 VON 4

POS./TITEL	LEISTUNG	FIRMA BAU-UNION		FIRMA MEHMES + CO.		FIRMA BRACHER		FIRMA SUSS + JAHN		FIRMA BRECHER AG.		FIRMA GIESSLER GmbH	
		EP	GP	EP	GP	EP	GP	EP	GP	EP	GP	EP	GP
1	BAUSTELLENEINR.		150.521.-		164.234,50		195.989.-		141.883,90 X		151.694,60		239.551.- O
2	WINTERBAU		-		-		-		-		-		36.280.- X
3	ERDARBEITEN		46.786.-		52.294.-		45.671.-		49.465.-		52.437,60 O		-
4	STAHLBETONARBEIT.		175.607,75		172.668,10		151.295.- X		209.539,50 O		165.433.-		163.217,25
4a	FERTIGTEIL KONSTR.		618.000.-		654.421.-		774.690.- O		640.200.-		707.837.-		619.997.-
5	BAUSTAHL		96.761.-		120.940.-		96.617.- X		121.544.-		140.484,20 O		135.880.-
6	MAURERARBEITEN		120.958.- O		119.745.-		116.743.-		151.009,10		111.489.- X		115.895.-
7	ENTWÄSSERUNGSARB.		26.876,53 X		18.701.-		14.130,30 X		19.694.-		15.664.-		14.620.-
8	ABDICHTUNGSARB.		2.840,30 X		3.826.-		3.005,25		3.896,20		4.128,70 O		3.490.-

Unteres Blatt

BAUVORHABEN:	Verwaltungsbau Thur		GEWERK:	Bodenbelagsarbeiten		ANGEBOT VOM:	15.7.76
BAUHERR:	Carolus GmbH + Co KG					BLATT NR.	1 VON 2

POS./TITEL	LEISTUNG	FIRMA A. MÜLLER		FIRMA S. GERBER		FIRMA LEHR + CO.		FIRMA V. KRAHER		FIRMA LEHMANN + SOHN		FIRMA GRUBER OHG.	
		EP	GP	EP	GP	EP	GP	EP	GP	EP	GP	EP	GP
1	ESTRICH SPACHTELN	0.80	2.440.- X	1.80	5.440.-	1.80	5.440.-	3.50	10.675.- O	2.30	7.015.-	2.12	6.466.-
2	ESTRICH AUSBESSERN	4.20	420.-	4.-	400.-	2.80	280.-	3.50	350.-	5.20	520.- O	2.39	239.- X
3	NADELFILZ - BELAG	21.20	59.360.- X	21.75	60.900.-	21.70	60.760.-	29.90	83.720.- O	26.45	74.460.-	21.56	60.368.-
4	PVC - BELAG	17.-	5.045.- X	17.10	5.044,50	17.50	5.162,50	23.50	6.942,50 O	19.55	5.767,25	17.14	5.058,30
5	PVC - ZUNGENPROFIL	3.80	24,50	3.20	24.-	2.80	24.- X	5.-	37,50	5.60	42.- O	5.03	37,73
6	PVC - SOCKELLEISTE	3.60	612.-	3.20	544.-	3.15	535.50	4.50	765.- O	4.35	739.50	2.85	484.50 X
7	PARKETT	35.50	10.650.-	34.90	10.470.-	48.50	14.550.- O	-	-	32.70	9.880.-	32.51	9.753.- X
8	HOHLKEHLLEISTEN	3.90	292,50	2.80	210.- X	4.90	367,50	-	-	5.95	446.25 O	3.37	252,75
9	TEPPICHSOCKELLEIST.	4.80	1.200.-	6.85	1.712,50 O	3.20	800.- X	5.20	1.300.-	6.20	1.550.-	3.95	487,50

Abb. 12
Angebotsvergleich nach Titeln (oben) und Einzelpositionen (unten).
Kennzeichnung der niedrigsten (X) und der höchsten (O) Preise.

5.4 Verhandlung mit Bietern

VOB/A § 24 Nach den Allgemeinen Vergabebedingungen sind die Verhandlungen mit den Bietern über Änderung der Preise unstatthaft, in dem privaten Baubereich jedoch durchaus üblich mit dem Ziel, einen möglichst günstigen Preis zu erreichen.

Über die Verhandlungen werden zweckmäßig während ihrer Dauer handschriftliche Protokolle gefertigt, die am Schluß der Gespräche verlesen und von den Parteien sofort unterschrieben werden. Die Protokolle sind im Auftragsfall Vertragsbestandteil.

a) Technische Vorgespräche:
   Diese haben lediglich die Aufgabe, alle aus den Angebotsunterlagen erkennbaren Fragen bezüglich der technischen und wirtschaftlichen Leistungsfähigkeit, hinsichtlich etwaiger Änderungsvorschläge, Vorbehalte gegenüber der geplanten Art der Durchführung, der evtl. Unangemessenheit einzelner Angebotspreise und dgl., jedoch nicht die evtl. Änderung der Preise zu behandeln. Es wird auf diese Weise weitgehend sichergestellt, daß —

VOB/A § 9 und das gilt besonders bei Leistungsbeschreibungen mit Leistungsprogrammen — die Vergleichbarkeit bzw. Gleichwertigkeit der Angebote in technischer und rechtlicher Hinsicht gegeben ist.

AGB § 4
Vergl. 1.7.1 Besondere Bedeutung gewinnen die technischen Vorgespräche durch das AGB-Gesetz, das zum Aushandeln der einzelnen Bedingungen zwingt, bzw. deren ausdrückliche Vereinbarung vor Vertragsabschluß verlangt. Das gilt besonders hinsichtlich der Klausel-Verbote nach AGB-Gesetz § 10 und § 11, sowie bei Verträgen mit Nichtkaufleuten.

b) Vergabegespräch:
   In diesem geht es um die Angebotspreise. Dabei können auch Zahlungsplanvereinbarungen, Skonti, Nachlässe, Bürgschaften, Zahlungsziele und dgl. behandelt werden. Ein während der Verhandlung geführtes Protokoll

VOB/A § 28 kann mit der Annahme des Angebots (Zuschlag) abschließen.

5.5 Wertung der Angebote

VOB/A § 25 Angebote, die von der Wertung auszuschließen sind, werden in den Allgemeinen Vergabebestimmungen näher umrissen.

Bei der Wertung der Angebote kommt es vor allem darauf an, daß diejenigen Bieter ausgewählt werden, die für die Erfüllung der einzugehenden vertraglichen Verpflichtungen die notwendige Sicherheit bieten. Dazu gehört, daß sie die erforderliche Fachkunde, Leistungsfähigkeit und Zuverlässigkeit besitzen und über ausreichende technische und wirtschaftliche Mittel verfügen. (VOB/A § 25, 2(1)). Der niedrigste Angebotspreis allein ist nicht entscheidend (VOB/A § 25, 2(2)).

VOB/A § 26 Die Ausschreibung kann aufgehoben werden, wenn kein den Bedingungen entsprechendes Angebot eingegangen ist, sich wesentliche Änderungen der Grundlagen oder sonstige schwerwiegende Gründe ergeben haben.

5.6 Vertrag

BGB § 151
VOB/A § 28 Der Vertrag kommt durch Annahme eines (des) Angebots zustande, d. h. der Auftraggeber erklärt einem der (dem) Bieter, daß er sein Angebot annimmt. Einer besonderen schriftlichen Beurkundung bedarf es dazu nicht.

Aus formalen und organisatorischen Gründen ist die Schriftform jedoch sinn- **VOB/A § 29**
voll.

In der Regel wird der Architekt die Vertragsurkunde vorbereiten. Davon sind mindestens 3 Ausfertigungen notwendig, von denen je eine die beiden Vertragsparteien (Bauherr = Auftraggeber sowie Bauunternehmer = Auftragnehmer) und eine der Architekt für seine Akten erhalten, nachdem diese alle Exemplare des Schriftstücks unterschrieben haben. Der Inhalt der Urkunde soll sich auf Wichtiges beschränken, da alle Regelungen bereits in den Verdingungsunterlagen bzw. in den Protokollen der Verhandlungen erschöpfend niedergelegt sind.

Muster für ein Auftragsschreiben:

Auftrags-Nr.: 003/85   **Datum:** 16. 1. 85
Bauherr: Herr Karl Müller und Ehefrau Olga
                   Gutenbergstr. 40, 3500 Kassel
Projekt: Einfamilienwohnhaus, Wiesweg 9, 3500 Kassel

Im Namen und für Rechnung des Bauherrn wird dem
Unternehmer: Fa. Schmid und Meyer GmbH, Niederlassung Kassel,
                 Dreifensterstr. 121, 3500 Kassel,
der Auftrag erteilt für die Ausführung der
                   ROHBAUARBEITEN
zum Preis von: 125 319,20 DM
14 % MWSt: 17 544,70 DM

Auftragssumme: 142 863,90 DM

In   Worten: einhundertzweiundvierzigtausendachthundertdreiundsechzig

Grundlagen des Vertrages in dieser Reihenfolge:
1. Protokoll der Verhandlung vom: 9. 1. 85
2. Angebot vom: 5. 11. 84   **dann Nachtrag vom:** 3. 12. 84
Termine: Beginn der Arbeiten auf der Baustelle: 9. 4. 85
          Fertigstellung der Arbeiten a. d. Baustelle: 28. 6. 85
Dauer der Gewährleistung ab förmliche Abnahme: 5 Jahre
Der Bauherr: **Der Architekt:**

....

Auftragsschreiben erhalten: **Zahlungen des AG sind mit be-**
Datum: ....   **freiender Wirkung zu leisten**
                                         auf Konto:

....

(Unterschrift und Firmenstempel)   **BLZ** ....

5.7 Nachträge

Häufig kommt es vor, daß im Vertrag nicht enthaltene Leistungen auf Verlangen **VOB/B § 2, 6** auszuführen sind. Derartige Arbeiten sind auf der Grundlage der bestehenden vertraglichen Vereinbarungen vor der Ausführung anzubieten; die Annahme des Angebotes durch den AG sollte jedoch vom AN grundsätzlich abgewartet werden, bevor die Leistung begonnen wird. Man vermeidet damit sonst in der Regel unvermeidbare Querelen bei der Abrechnung.

Für die Ausfertigung einer weiteren Urkunde zum Hauptvertrag gelten die beschriebenen Grundsätze. Bei Nachträgen beachte man, daß zusätzliche Arbeiten den Ablauf der Ausführung und die Fristen beeinflussen können; Änderungen der im Hauptvertrag vereinbarten Termine sind darum ggf. zu definieren.

5.8 Auftragsbestätigungen

BGB § 150

Einer Auftragsbestätigung durch den AN bedarf es nicht. Lediglich der **Erhalt** der Vertragsurkunde ist auf den Rücksendeexemplaren für den AG und den Architekt zu bescheinigen. Auftragsbestätigungen wiederholen — völlig überflüssig — die vorher getroffenen und schriftlich fixierten Festlegungen. Da sie jedoch auch **abweichende** Regelungen enthalten können (z. B. in Hinweisen auf AN-eigene Bedingungen), stellen sie evtl. ein neues Angebot dar, das der AG stillschweigend annimmt, und das dann an die Stelle vorheriger Vereinbarungen tritt, wenn er nicht sofort widerspricht. Es ist darum anzuraten, Auftragsbestätigungen ohne besondere Prüfung kurzerhand dem AN wieder zuzusenden mit dem ausdrücklichen Hinweis, daß es ihrer nicht bedarf.

5.9 Änderungen von Leistungen

Es ist nicht ungewöhnlich, daß nach Auftragserteilung vor oder während der Ausführung der vertragsgegenständlichen Leistungen unvorhergesehene Änderungen eintreten, welche den bestehenden Vertragsregelungen nicht entsprechen. Um Unklarheiten zu begegnen, sind unverzüglich die notwendigen Vertragsveränderungen bzw. -ergänzungen vorzunehmen. Dazu ein Beispielsfall:

Ereignis:	Man trifft bei Aushub einer Baugrube vereinzelt auf nicht tragfähigen Baugrund.
Maßnahme:	Es wird Bodenaustausch erforderlich.
Wirkung auf Vertrag:	Mehrarbeit erforderlich, die nach Art und Umfang im bestehenden Vertrag nicht vorgesehen ist.
AN:	Angebot über neue Leistungen nach mutmaßlichem Umfang. Hinweise auf sonstige Folgen, wie Fristen, Bauablauf usw.
AN und AG:	Vereinbarung über Leistung und Preise, Fristen usw.
AG:	Zusatzauftrag gemäß Vereinbarung.
AN:	Ausführung der zusätzlichen Leistung.

VOB/B § 5

VOB/B § 1, 4 § 2, 6

Bei diesem Vorgehen ist weitgehend sichergestellt, daß Unstimmigkeiten in der weiteren Vertragsabwicklung unterbleiben.

6 Auftragsabwicklung

Die Abwicklung des Auftrags richtet sich nach den Vertraglichen Bestimmungen. Diese sind im Vertrag bzw. in den Verdingungsunterlagen und im Angebot definiert. Generell gelten die Allgemeinen Vertragsbedingungen für die Ausführung von Bauleistungen, DIN 1961, sofern diese vereinbart sind einschl. evtl. Besonderer und/oder etwaiger Zusätzlicher Vertragsbedingungen bzw. etwaiger Zusätzlicher Technischer Vorschriften.

VOB -Teil B
VOB/A § 10
VOB/B § 1
Vergl.
4.2—4.4

6.1 Ausführungsunterlagen

Sofern nichts anderes vereinbart, sind die Ausführungsunterlagen dem Auftragnehmer unentgeltlich und vor allem rechtzeitig zu übergeben. Darüberhinaus müssen diese Ausführungsunterlagen formal und inhaltlich richtig, eindeutig und vollständig sein, um den Unternehmer in die Lage zu versetzen, die angebotene Leistung vertragsgerecht zu erbringen.

VOB/B § 3

Für ein übliches Ein-/Zweifamilienhaus werden bei handwerklicher Bauweise diese über die Leistungsbeschreibungen hinausgehenden Ausführungsunterlagen benötigt:

Rohbau: Lageplan
             Höhenplan
             Baustelleneinrichtungsplan
             Architekten-Werkpläne
             Statiker-Schalpläne u. Bewehrungspläne
             Zeichnungen konstruktiver Details
             Bodengutachten
Haustechnik: (Heizung, Lüftung, Sanitär, Elektro)
             Installationspläne
             Strangschemata
             Schalt- u. Verdrahtungspläne
Ausbau: Architekten-Werkpläne
             Detail-Zeichnungen
Außenanlagen: Leitungstrassenplan
             Freiflächengestaltungsplan
             Einfriedigungsplan
             Pflanzplan

Je nach Art und Ausstattung des Bauwerks werden vielfältige zeichnerische Darstellungen erforderlich. Bei Großbauten ergeben sich besondere Anforderungen an die Planung, insbesondere hinsichtlich der Einarbeitung technischer Einzelheiten in die Bau-Ausführungsunterlagen.

6.2 Ausführung und Ausführungsfristen

Die Pflichten von Auftraggeber und Auftragnehmer bei der Ausführung sind in den Allgemeinen Vertragsbedingungen hinlänglich beschrieben.

VOB/B § 4
VOB/B § 5

Der Auftragnehmer hat die ihm übertragenen Leistungen eigenverantwortlich und vertragsgerecht auszuführen, insbesondere in Ubereinstimmung mit den allgemein anerkannten Regeln der Technik. Die Überwachung der Ausführung der Arbeiten auf der Baustelle obliegt im Regelfall dem damit beauftragten Architekten in dem Umfang der jeweiligen Bestimmungen des Architektenvertrages.

Mangelhafte Leistungen, die schon während der Ausführung als solche erkannt werden, hat der Auftragnehmer auf eigene Kosten durch mangelfreie zu ersetzen (Näheres regelt VOB/B § 4,7).

Die fristgerechte Erbringung der vertragsgegenständlichen Leistungen ist als ein Teil des Erfolges anzusehen, der im Sinne des Werkvertrages durch „Herstellung oder Veränderung einer Sache", hier die Herstellung des Bauwerks, herbeizuführen ist. Die Ausführungsfristen sind jedoch in den Verdingungsunterlagen genau zu definieren, damit eine Vorgabe für die zeitliche Vertragserfüllung gegeben ist.

Die Festlegung der Baufristen bedarf sorgfältiger Überlegungen, an denen im Einzelfall weitere an der Planung Tätige sowie die Unternehmer zu beteiligen sind. Bei großen Bauten oder Projekten mit großem Zeitrisiko erfolgt die Bauzeitplanung mit Hilfe der Netzwerktechnik, ggf. unter Anwendung elektronischer Datenverarbeitung (EDV). Diese Verfahren erfassen neben den Realisierungsprozessen auch die Planungs-, Genehmigungs- und Entscheidungsvorgänge. Dadurch werden genaue Zeitfestlegungen, die in die Vertragsgrundlagen eingehen, begründet. Zu kurz bemessene Fristen bedingen häufig wegen des ungewöhnlich großen Personal- und Geräte-Einsatzes bei der Ausführung höhere Kosten, zu lange Fristen zögern die Fertigstellung unnötig hinaus (4). Für die Berechnung der Ausführungsfristen und ihre kalendermäßige Festlegung sind die **Betriebskalender** hilfreich, die alle normalen Arbeitstage, wie im Baugewerbe und in der Industrie üblich, numeriert enthalten und die unterschiedlichen regionalen Feiertage in den Ländern der BRD und in Österreich berücksichtigen (5).

VOB/B § 4, 1 Dem AG obliegt die Regelung des Zusammenwirkens der verschiedenen Unternehmer auch hinsichtlich der Ausführungsfristen; er hat also auch den zeitlichen Ablauf der Bauabwicklung zu bestimmen.

Wenn die Ausführung dennoch nicht innerhalb des vorgegebenen Zeitplans erfolgt, so ist die dafür maßgebende Ursache festzustellen. Sie kann auf der Seite des Auftraggebers vorliegen, wie z. B.

VOB/B § 3, 1 a) nicht rechtzeitige Übergabe der Ausführungsunterlagen,

VOB/B § 3, 2 b) fehlende Angaben über Grenzen des Geländes, fehlende Höhenfestpunkte,

VOB/B § 3, 3 c) nicht mangelfreie bzw. nicht eindeutige Ausführungsunterlagen,

VOB/B § 4, 1 d) fehlende Regelungen hinsichtlich der allgemeinen Ordnung auf der Baustelle, fehlende Koordination der am Bau beteiligten Unternehmer,

VOB/B § 4, 1 (1) e) fehlende öffentlich-rechtliche Genehmigungen und Erlaubnisse,

VOB/B § 4, 1 (3) f) fehlende, unvollständige, nicht eindeutige Anordnungen über die Ausführung der Arbeiten,

VOB/B § 4, 4 g) fehlende Lager- und Arbeitsplätze, fehlende Baustellenerschließung und

VOB/B § 16 h) unvollständige oder säumige Zahlungen.

Liegt die Ursache der nicht fristgerechten Ausführung beim Auftragnehmer, so kann sie z. B. in folgendem bestehen:

VOB/B § 1, 4 a) der Betrieb des Auftragnehmers ist auf die Ausführung evtl. zusätzlich geforderter Leistungen nicht eingerichtet,

b) die vom Auftragnehmer nach dem Vertrag zu beschaffenden Ausführungs- **VOB/B § 3, 5**
unterlagen werden dem Auftraggeber nicht rechtzeitig vorgelegt,

c) fehlende Initiative bei der Ausführung seiner vertraglichen Leistungen auf **VOB/B § 4, 2**
der Baustelle, **(1)**

d) er kommt seinen gesetzlichen, behördlichen und berufsgenossenschaftli- **VOB/B § 4, 2**
chen Verpflichtungen gegenüber seinen Arbeitnehmern nicht nach, **(2)**

e) die gelieferten Stoffe oder Bauteile entsprechen nicht dem Vertrag und wer- **VOB/B § 4, 6**
den zurückgewiesen,

f) die erbrachten Leistungen sind mangelhaft oder vertragswidrig und müssen **VOB/B § 4, 7**
neu erbracht werden,

g) der Auftragnehmer unterläßt es, die Arbeiten angemessen zu fördern, er **VOB/B § 5, 1**
richtet sich nicht nach den vertraglichen Fristen und

h) die vom Auftragnehmer eingesetzten Arbeitskräfte, Geräte, Gerüste, Stoffe **VOB/B § 5, 3**
oder Bauteile sind unzureichend.

6.3 Mahnung wegen Baufristen

Wenn die Ursache der nicht fristgerechten Vertragserfüllung vom Auftragnehmer zu vertreten ist, und dies erkannt wird, ist er vom Auftraggeber bzw. vom
Architekten zu mahnen. Dies soll aus Gründen der Beweisführungsmöglichkeit
stets schriftlich geschehen, wobei Fristen für den Beginn, die Weiterführung
oder die Beendigung der Arbeiten zu setzen sind.

Besonders wichtig ist es, nach erfolgloser vorangegangener Mahnung schließlich eine Nachfrist zu setzen, die **angemessen** sein muß. Die Frage der Ange- **BGB § 326**
messenheit ist in jedem Einzelfall spezifisch zu beurteilen. Eine Kündigung des
Vertrages kann wirksam dann nicht sein, wenn die gesetzte Nachfrist nicht angemessen war.

Als **letzte** Mahnung vor einer evtl. beabsichtigten Kündigung des Vertrages ist **VOB/B § 5, 4**
diese Formulierung eines Briefes möglich: ,,Sie haben die verschiedenen **VOB/B § 8, 3**
schriftlichen Mahnungen, die vertragsgegenständlichen Arbeiten zu beginnen **(1)**
(. . . wegen unzureichender Ausrüstung Abhilfe zu schaffen, . . . die Arbeiten zu
fördern, . . . die Arbeiten zu vollenden,) nicht befolgt.

Es wird Ihnen hiermit eine angemessene, letzte Nachfrist zum . . . (Tag, Uhrzeit)
gesetzt.

Sollten Sie wider Erwarten auch diesen Termin nicht einhalten, werden Sie hiermit bereits vorsorglich unter Verzug gesetzt. Der Auftraggeber behält sich vor,
Sie für alle aus der Nichteinhaltung der Nachfrist entstehenden Schäden haft-
bar zu machen (. . . Ihnen den Auftrag zu entziehen, und die restlichen Arbeiten
von einem anderen Unternehmer ausführen zu lassen. Alle daraus entstehenden Mehrkosten gehen zu Ihren Lasten)".

Dieser Brief ist durch Boten gegen Empfangsquittung oder durch die Post per
Einschreiben/Rückschein zuzustellen. Einschreiben allein ohne Rückschein
genügt nicht, da der Absender keine Empfangsbestätigung erhält.

Ein sinngemäß gleiches Verfahren kann ein AN im Falle der notwendigen
Mahnung seines AG anwenden.

6.4 Behinderung und Unterbrechung

Die Allgemeinen Vertragsbedingungen behandeln diesen Bereich ausführlich.
Hier sei nur besonders darauf hingewiesen, daß häufig Behinderungen und/
oder Unterbrechungen der Ausführung durch

a) fehlende, unvollständige, unrichtige und nicht rechtzeitig übergebene Ausführungsunterlagen,

b) nicht mangelfreie Vorarbeiten anderer Unternehmer

entstehen. Darum kommt der Koordination und der Bauüberwachung durch den Auftraggeber große Bedeutung zu.

VOB/B § 6 Normale Witterungseinflüsse sind keine Behinderung, dagegen jedoch der auslösende Umstand der sogenannten Höheren Gewalt. Diese ist nach Meyers Konversations-Lexikon (1974) so definiert:

„Von außen her einwirkendes, außergewöhnliches, nicht vorhersehbares, durch äußerste zumutbare Sorgfalt nicht abwendbares Ereignis".

Unter normaler Witterung ist das letzte 25jährige Mittel zu verstehen. Wenn also zu einer Jahreszeit mit Frost zu rechnen ist, so hat der Unternehmer die Art der Ausführung und den Ablauf der Arbeiten so einzurichten, daß die vorgesehenen Termine dennoch gehalten werden können. Einen Überblick der Frost- und Eistage, Schneeverhältnisse, Niederschläge und Windverhältnisse geben die Klimazonenkarten Deutschlands. Bei extremer Lage der Baustelle sind von den zuständigen Wetterämtern Auskünfte einzuholen.

6.5 Kündigung

VOB/B § 8
VOB/B § 9 Die Kündigung des Vertrages ist sowohl dem Auftraggeber als auch dem Auftragnehmer möglich. Einzelheiten ergeben sich aus den vertraglichen Bestimmungen.

6.6 Vertragsstrafe/Prämie

VOB/A § 12
VOB/B § 11
BGB
§ 339—345 Für die Vertragsstrafen gelten, sofern sie vereinbart sind, die gesetzlichen Bestimmungen bzw. die vertraglichen Vereinbarungen, z. B. über die Höhe, die Berechnung und dgl.

Wichtig ist, die evtl. verwirkte Vertragsstrafe bei der Abnahme vorzubehalten, da sie sonst nicht verlangt werden kann. In den Verdingungsunterlagen, spätestens jedoch in der Niederschrift über die Abnahme ist zu vermerken: „Die Vertragsstrafe ist auch dann verwirkt, wenn die verzögerte Fertigstellung ohne Vorbehalte angenommen wird".

BGB § 341
Vergl. 4.3

6.7 Abnahme

BGB § 640
BGB § 641
BGB § 644
VOB/B § 7
VOB/B
§ 12, 3 Die Abnahme beendet die Herstellung der Arbeiten. Sie begründet gleichzeitig die Pflicht des Auftraggebers zur Entrichtung der Vergütung. Der Unternehmer trägt die Gefahr bis zur Abnahme, mit der Abnahme geht die Gefahr auf den Auftraggeber über. Die Abnahme kann wegen wesentlicher Mängel verweigert werden.

VOB/B § 12 Man unterscheidet verschiedene Arten der Abnahme:
a) Förmliche Abnahme mit Ausfertigung eines Abnahmeprotokolls,
b) Abnahme auf Verlangen des Auftragnehmers,
c) automatische Abnahme.
Die Einzelheiten regeln die Allgemeinen Vertragsbedingungen.

BGB § 633 Bei der Abnahme festgestellte, unwesentliche Mängel sind vom Auftragnehmer unter Fristsetzung zu beseitigen. Falls die Mängel nicht beseitigt werden können oder ihre Behebung vom Auftragnehmer verweigert wird, (indem er z. B. gesetzte Fristen ungenutzt verstreichen läßt), kann Minderung geltend gemacht **BGB § 634** werden, d. h. die Vergütung wird entsprechend des geringeren Wertes redu- **BGB § 472** ziert. Mit dem Zeitpunkt der Abnahme beginnt die Verjährungsfrist für die Gewährleistung des Auftragnehmers.

Aus allgemein rechtlichen, haftungsrechtlichen und versicherungsrechtlichen Gründen hat der Bauherr die Abnahme des Werkes (der Leistungen) als Besteller selbst vorzunehmen. Er kann sich dabei in fachlicher Hinsicht von seinem Architekten beraten lassen.

6.8 Firmenzusammenbruch

Wenn ein Auftragnehmer seine Zahlungen einstellt, Vergleich beantragt oder **VOB/B § 8, 2** Konkurs anmeldet, so kann der Auftraggeber den Vertrag kündigen und Schadenersatz wegen Nichterfüllung des Restes verlangen.

Sofern besondere Gründe nicht entgegenstehen, sollte der Vertrag sofort gekündigt werden, wenn Gewißheit darüber besteht, daß der Auftragnehmer wegen wirtschaftlicher Gründe die Arbeiten nicht fortführen kann und Vergleich bzw. Konkurs beantragt hat. Diese Kündigung muß schriftlich (Einschreiben/Rückschein) erfolgen. Es ist ratsam, einen Rechtsanwalt mit der Wahrnehmung der Interessen des Auftraggebers zu betrauen, damit Rechtsnachteile vermieden werden.

Als nächstes ist dann der Zustand der Baustelle genau festzustellen; die geleisteten Arbeiten sind aufzumessen. Dabei empfiehlt es sich, von einem öffentlich bestellten Sachverständigen den in Zeichnungen, Fotos, Beschreibungen und sonstigen Informationsträgern festgestellten Zustand bestätigen zu lassen. Die Maßnahme kommt einer Abnahme gleich, an der eine oder beide Parteien **VOB/B § 12** teilnehmen können. Vorher darf mit der Fortsetzung der Arbeiten durch einen anderen Unternehmer nicht begonnen oder die Baustelleneinrichtung nicht verändert werden.

Im Kündigungsschreiben ist der Auftragnehmer bzw. der Konkursverwalter unter Setzung einer angemessenen Frist aufzufordern, alle noch nicht bezahlten und nicht fest eingebauten Stoffe und Bauteile, sowie die Baustelleneinrichtung zu entfernen. Besonders ist darauf zu achten, daß die Vorkehrungen zur Gewährleistung der gebotenen Sicherheit auf der Baustelle nicht beeinträchtigt werden (z. B. Bauzaun, Absperrungen und dgl.).

Falls der gekündigte Auftragnehmer eine prüfbare Schlußrechnung selbst nach **VOB/B** Aufforderung unter Fristsetzung nicht einreicht, so kann der Auftraggeber die- **§ 14, 4** se selbst (durch seinen Architekten) aufstellen.

Als Schaden, der dem Auftraggeber infolge der Kündigung entsteht, können **BGB § 387 ff.** evt. geltend gemacht werden:

a) höhere Kosten durch Ausführung der noch nicht geleisteten Arbeiten durch einen neu beauftragten Unternehmer, der höhere Preise fordert,
b) Beseitigung von Mängeln an der ausgeführten Leistung,
c) zusätzlicher Aufwand des Architekten und anderer Planungsbeteiligter beim Beauftragen einer neuen Firma, Einweisen in die Baustelle usw.,
d) neue Ausfertigungen der Ausführungsunterlagen, wie Zeichnungen, Berechnungen, Beschreibungen,

e) Kosten eines Rechtsanwalts,
f) Kosten eines Sachverständigen,
g) Kosten für Erstellung der prüfbaren Schlußrechnung,
h) verwirkte Vertragsstrafe,
i) Kosten infolge Bauverzögerung.
   und dgl.

Alle Forderungen sind zu belegen (Aufmaße, Rechnungen).

6.9 Zahlungsunfähigkeit des Auftraggebers

VOB/B § 9
BGB § 642
BGB § 648

Wenn der Auftraggeber zahlungsunfähig ist und keine Zahlungen leistet, kann der Auftragnehmer den Vertrag kündigen. Der Auftragnehmer kann eine angemessene Entschädigung verlangen und eine Sicherungshypothek an dem Grundstück des Bestellers eintragen lassen. Diese entspricht der Höhe der beanspruchten Vergütung.

6.10 Streitigkeiten

Trotz erschöpfender vertraglicher Regelungen bleiben Streitigkeiten bei der Bauabwicklung nicht immer ausgeschlossen. Der ordentliche Rechtsweg unter Anrufung eines Gerichts ist nur dann anzuraten, wenn das Prozeßrisiko kalkulierbar ist. Bauprozesse sind nicht nur teuer, sie sind häufig auch von Sachverständigengutachten abhängig, dauern lange und führen in vielen Fällen — weil dort die Schuld nicht nur auf einer Seite liegt — zu Vergleichen. Der rechtzeitig konsultierte Rechtsanwalt kann die Prozeßaussichten beurteilen.

ZPO

Bauprozesse sind Zivilprozesse, bei denen Kläger und Beklagte durch ihre Rechtsanwälte vor Gericht vertreten werden, um die Beweismittel formgerecht zu formulieren und in der Verhandlung vorzutragen. Die Verhandlungen finden vor den ordentlichen Gerichten statt. Bei Streitwerten bis 3 000 DM ist das Amtsgericht, bei höheren Streitwerten ist das Landgericht als I. Instanz zuständig.

VOB/B § 18

Um Auseinandersetzungen vor ordentlichen Gerichten zu vermeiden, können **Schiedsgutachten** zur Aufklärung gewisser Sachverhalte bei Stoffen und Bauteilen von den Parteien bei einer staatlichen oder staatlich anerkannten Materialprüfstelle in Auftrag gegeben werden.

Darüberhinaus kann man bei Vertragsabschluß ein **Schiedsgericht** vereinbaren, das rechtliche Entscheidungen anstelle eines ordentlichen Gerichts fällt. Schiedsgerichte, die schon bei einem Fachverband bestehen können oder von den Parteien zu bestimmen sind, werden gewöhnlich mit erfahrenen Baufachleuten und (Bau-) Juristen besetzt. Ihr Urteilsspruch ist in gleicher Weise vollstreckbar, wie ein staatliches Urteil. Einzelheiten regelt die Schiedsgerichtsordnung für das Bauwesen.

VOB/B § 9

Streitigkeiten berechtigen den AN nicht, die Arbeiten einzustellen, es sei denn, daß er den Vertrag kündigt, sofern die dafür nötigen Voraussetzungen vorliegen.

7 Aufmaß, Abrechnung, Zahlung

7.1 Aufmaß

Nicht erst nach Beendigung aller Arbeiten, sondern im Zuge des Baufortschritts **ATV/** sind die Ausmaße der ausgeführten Leistungen festzustellen, dies gilt beson- **Abschn. 5** ders dann, wenn Bauteile von den Zeichnungen abweichen, auf diesen nicht **VOB/B § 14** dargestellt oder nach ihrer Fertigstellung nicht mehr zugänglich sind (Funda- mente). Die Ausmaße sind aus den Zeichnungen zu entnehmen, und falls sol- che Maßangaben nicht vorhanden sind, in die Zeichnungen **zusätzlich** einzutra- gen. In den sog. Abrechnungszeichnungen, welche die Grundlage für die Ab- rechnung darstellen, müssen exakt die Maße stehen bzw. gegebenenfalls neu angegeben werden, die in die Aufmaßurkunden einzutragen sind (also das Er- gebnis einer ausgerechneten Maßkette bzw. ein Differenzmaß). Wenn diese Identität in den Abrechnungsunterlagen nicht gegeben ist, wird die Prüfung der Abrechnung sehr erschwert oder gar ausgeschlossen.

Die Aufmaße sind vom Auftragnehmer und Auftraggeber gemeinsam vorzu- nehmen und in doppelt auszufertigende Meßurkunden einzutragen, die von den Parteien zu unterzeichnen sind, und von denen jede Seite eine Ausferti- gung erhält.

Die Meßurkunden können für manuelle Rechenoperationen abgefaßt oder als Ablochbeleg zur Eingabevorbereitung für elektronische Datenverarbeitung auf den vorgeschriebenen Formularen aufgestellt werden. Die Abrechnungsbe- stimmungen der ATV (Abschnitt 5) und die sonstigen in den Verdingungsunter- lagen getroffenen Festlegungen sind zu beachten sowie außerdem die jeweili- gen Bestimmungen über Nebenleistungen.

7.2 Abrechnung

Die Ermittlung der für die Erfüllung des Vertrages vereinbarten Vergütung er- **VOB/B § 14** folgt durch die Abrechnung. Basis für die Abrechnung sind der Vertrag und die **VOB/B § 15** (durch Aufmaß) festgestellte Leistung. Es geht zumeist um diese Abrechnungs- **BGB § 631** konditionen:

a 1) Einheitspreisvertrag und Festpreise: **VOB/A § 5**
    Menge $\times$ EP = Gesamtpreis je Position
    Summe aller Positionen = Gesamt-Vergütung

a 2) Einheitspreisvertrag mit Gleitklausel für EP:
    Menge $\times$ EP = Gesamtpreis je Position + Zuschlag
    Summe aller Positionen + Zuschläge = Gesamt-Vergütung

b 1) Pauschal — Festpreisvertrag:
    kein Aufmaß, keine Abrechnung,
    Gesamtvergütung vertraglich genau definiert.

b 2) Pauschal-Festpreisvertrag mit Preisgleitklausel:
    kein Aufmaß, keine Abrechnung,
    Pauschalpreis + Zuschläge = Gesamt-Vergütung.

Es ist Sache des Auftragnehmers, die Forderung dem Grunde und der Höhe **VOB/B § 14** nach zu formulieren und fristgerecht seine Rechnungen zu stellen. Die Prüfbar- keit der Rechnungen ist im allgemeinen anzunehmen, wenn diese Konditionen erfüllt sind:

	Benennung der Arbeit	Abst. −	+	Abmessungen			Abzug	Meßgeh.	Reiner Meßgeh.
1	POS. 3.21								
	Mauerwerk HbL 4,			5,11					
	30 cm dick, cbm			3,11					
				7,135					
				3,385					
				1,06					
				19,80	2,58	0,30		15,325	
	Fenster	−		0,76	0,51	0,30	0,116		
	"	−		2,76	1,33	0,30	1,101		
	Tür	−		1,01	2,08	0,30	0,630		13,614
2	POS. 3.22, Zulage								
	Türsturz 0,30 × 0,25, m								1,49
	Stahlbeton								
3	POS. 3,22								
	Mauerwerk HLZ,			2,51	2,58			6,47	
	11,5 cm dick, qm	−		0,885	2,01		1.78		4,69
4	POS. 7,1								
	Horizont. Sperrschicht, qm								
	Länge wie Pos. 3.21			19,80					
	Tür	−		1,01					
				18,79	0,30			5,63	
	unter Bruchstein-MW		+	3,61	0,50			1,80	7,43
5	POS. 3.35								
	Schornstein, stgm			2,58					
				0,15					2,73
6	POS. 3,36								
	Reinigungstür, Stck								1
7	POS. 3,37								
	Schornsteinkopf, Stck								1
8	POS. 3,42								
	Bruchsteinmauerwerk			3,61	2,58	0,50		4,657	
	50 cm dick, cbm	−		0,76	0,76	0,50	0,288		
		−		0,90	0,20	1,47	0,264		4,105
9	POS. 3,45								
	Ausfugen Pos. 3.42, qm			3,61	2,58			9,31	
	Fenster	−		0,76	0,76		0,57		
						Übertrag:		9,31	

Abb. 13
Aufmaßurkunde für manuelle Bearbeitung

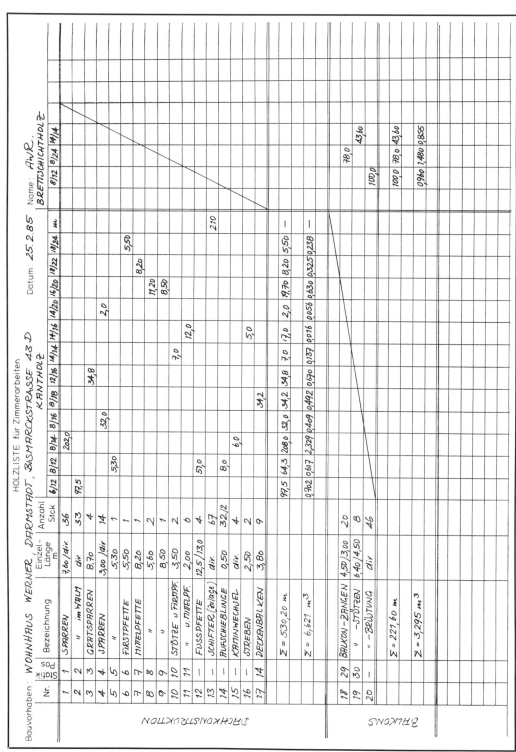

Abb. 13a: Mengenermittlung für Zimmerarbeiten mit Holzliste

SCHMIDT & MEYER
HOCH- U. TIEFBAU
Dreifensterstr. 121
3500 KASSEL

Baustelle: _DA – Oberstr. 14_ Konto-Nr.: _61–242_

Niederlassung: _DA_

Auftraggeber: _Müller_

Stundenlohnarbeiten-Bescheinigung Nr. _14_

den _25.5._ 19_85_

Ausgeführte Arbeiten		Polier	Gesamtstundenanfall bei					
			Vor-arbeiter	Fach-arbeiter	Bau-helfer	Hilfs-arbeiter		
Tür im 1. OG auf Anweisung von Frau Müller geändert. Neue Öffnung gestemmt, Leibung gemauert, Sturz eingezogen, alte Türöffnung zugemauert, Schutt heraus- geschafft und abtransportiert.		Schulze	4					
		Albrecht		8				
		Azurro			4			
		Adamo			4			
		Baretti				5		
Aufsicht								
	Insgesamt		4	8	8	5		
hiervon Mehrarbeitsstunden:	Zuschlagsart							
Ü = Überstd. S = Sonntagsarbeit								
N = Nachtstd. F = Feiertagsstd.	Stundenzahl		4	8	8	5		

a) Leistungs- und Erschwerniszulagen   b) anteilige Lohnnebenkosten (Art und Betrag)

b) Anweisung 3 x 18.–

c) Einbaumaterial   d) Vorhaltematerial, Rüstungen, Betriebsstoffe   e) Geräteeinsatz

c) 115 Stck HLZ, NF
70 ltr Mörtel MG II
e) Kompressor 1,5 Std.
2 Fahrten 5t-LKW zum Bauhof (2 x 19 km)

Aufgestellt

Bauführer / Polier: _Küsten_

Als Forderung anerkannt

für den Auftraggeber: _Nägeli_

Abb. 14   Tagelohnzettel

53

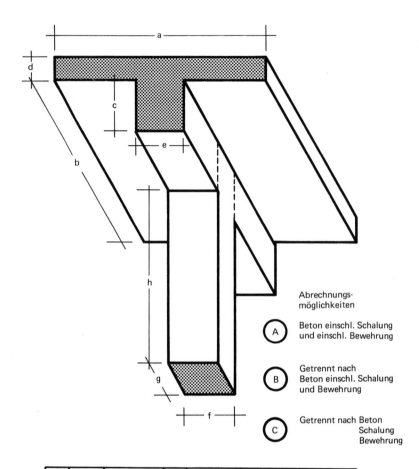

Abrechnungs-
möglichkeiten

(A) Beton einschl. Schalung
und einschl. Bewehrung

(B) Getrennt nach
Beton einschl. Schalung
und Bewehrung

(C) Getrennt nach Beton
Schalung
Bewehrung

	Bauteil	Maßart	Dim.	Ansatz	DIN 18 331
BETON	Decke	Flächenmaß	m²	a x b	5.2.4
		Raummaß	m³	a x b x d	5.2.4
	Balken	Raummaß	m³	c x e x (b – g)	5.2.5
		Längenmaß	m	b – g	5.2.5.2
	Stütze	Raummaß	m³	f x g x (h + c)	5.2.3.2
		Längenmaß	m	h + c + d	5.2.3.1
		Anzahl	St.	1	5.2.3
SCHALUNG	Decke	Flächenmaß	m²	(a x b) – (b x e)	5.4.2.1.
	Balken	Flächenmaß	m²	(2c + e) x b – (f x g)	5.4.2.2
	Stütze	Flächenmaß	m²	(2f + 2g) x h	5.4.2.2
STAHL	Alle Bauteile	Gewicht	t	nach Stahllisten (G x m)	5.3.2 5.4.3

Abb. 15
Verschiedene Möglichkeiten der Abrechnung
(Beispiel Stahlbetonarbeiten)

— Reihenfolge und Bezeichnung der Positionen wie im Angebot
— vollständige Belege (Aufmaß-Urkunden, Abrechnungs-Zeichnungen, Lieferscheine und dgl.)

VOB/B
§ 16, 1
VOB/B § 15

Für Abschlagszahlung können überschlägige Ermittlungen zugelassen werden. Stundenlohnarbeiten sollten in jedem Fall gesondert — möglichst schriftlich — in Auftrag gegeben und aufgrund arbeitstäglich vom Auftraggeber bzw. seinem Architekten anerkannter Belege (Tagelohnzettel, Rapporte) für festgelegte Zeiträume, z. B. monatlich zusammengefaßt, abgerechnet werden.

Stundenlohnarbeiten entstehen je nach Verursachung als
Regie-Arbeit, d. h. Arbeit, die nicht im LV enthalten ist oder nicht als Leistung beschreibbar und kalkulierbar war, oder als
Beihilfe, d. h. Leistung, die als hilfsweise Unterstützung für andere Unternehmer erbracht wird (Beispiel: Einmörteln von Verankerungen technischer Anlagenteile).

Formulierungsbeispiele für Rechnungen:

ABSCHLAGSRECHNUNG:

Nachweis:

Pos.	Leistung	Menge	Dim.	EP	Ges.-Preis
3.1	Mutterbodenabtrag	120	m^2	4,80	576,—
3.2	Aushub Baugrube	700	m^3	9,10	6 370,—
	usw.				

Gesamt:	102 760,50
Sicherheitseinbehalt 10 %	10 276,05
Summe:	92 484,45
Erhaltene Abschlagszahlungen 1—3	60 000,—
Rest	32 484,45
4. Abschlagszahlung:	**32 000,— DM**
14 % MwSt	4 480,— DM
Rechnungsbetrag	**36 480,— DM**

Bankverbindung:
Deutsche Bank Kassel Nr. 47110815 BLZ 500 200 05

SCHLUSSRECHNUNG:
Zunächst Nachweis wie oben

Netto-Summe	349 551,50
Erhaltene Abschlagszahlungen netto	290 000,—
Rest	59 551,50
14 % MwSt	8 337,21
Restforderung	**DM 67 888,71**

Je weniger Tagelohnkosten in der Gesamtherstellungssumme enthalten sind, um so höher ist die Qualität der Ausschreibung anzusehen.

Die Rechnungen sollen in mindestens 3-facher Ausfertigung vom Auftragnehmer vorgelegt werden:
— das Original mit Prüfeintragungen erhält der Auftraggeber,
— die 1. Kopie mit Prüfeintragungen behält der Architekt,
— die 2. Kopie mit Prüfeintragungen erhält der Auftragnehmer zurück, damit der die bei der Rechnungsprüfung vorgenommenen Korrekturen feststellen kann.

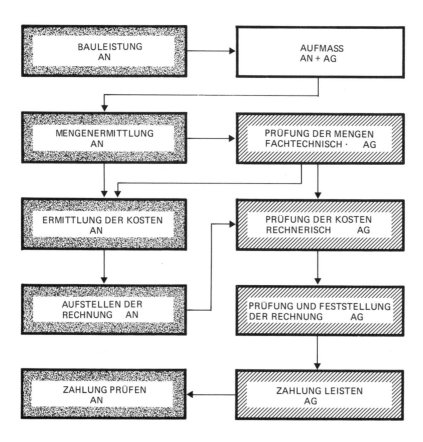

Abb. 16   Ablaufschema der Abrechnung

Die Prüfung der Auftragnehmer-Rechnungen erfolgt im Normalfall durch den Architekten. Sie erstreckt sich auf die fachtechnische und rechnerische Behandlung. Dann folgt die Feststellung der Rechnung, d. h. es wird bescheinigt, daß die Abrechnung nicht nur fachtechnisch und rechnerisch in Ordnung ist, sondern daß sie sich auch in Übereinstimmung mit den vertraglichen Bedingungen befindet. Zur eindeutigen Kennzeichnung der Prüfungsvorgänge sollten diese Texte in Stempeln verwendet werden:

```
┌─────────────────────────────────────────┐
│ IN ALLEN TEILEN FACHTECHNISCH UND         │
│ RECHNERISCH GEPRÜFT UND MIT DEN           │
│ AUS DER MASSENBERECHNUNG (AB-             │
│ RECHNUNGSZEICHNUNG) ERSICHTLICHEN         │
│ ÄNDERUNGEN FÜR RICHTIG BEFUNDEN.          │
│                                           │
│                                           │
│ ..................   ....................  │
│ ORT UND DATUM     UNTERSCHRIFT            │
└─────────────────────────────────────────┘
```

Stempel 1
— unterschreibt Sach-
bearbeiter —

```
┌─────────────────────────────────────────┐
│ IN ALLEN TEILEN SACHLICH GEPRÜFT UND      │
│ MIT DEN AUS DER RECHNUNG ERSICHTLICHEN    │
│ ÄNDERUNGEN FÜR RICHTIG BEFUNDEN.          │
│                                           │
│ ENDBETRAG: DM ........................... │
│                                           │
│                                           │
│ ..................   ....................  │
│ ORT UND DATUM     UNTERSCHRIFT            │
└─────────────────────────────────────────┘
```

Stempel 2
— unterschreibt Architekt —

BGB § 387 ff. Bei der abschließenden Bearbeitung der **Schlußrechnung** sind einige besondere Punkte zu beachten. Dazu zählen vor allem Forderungen, die der Auftraggeber gegen den Auftragnehmer geltend macht, wie z. B. vom Auftragnehmer verursachte Beschädigung (Glasbruch), anteilige Prämie für die Bauwesenversicherung, verwirkte Konventionalstrafe, Minderung wegen mangelhafter Qualität und dergl. (siehe Muster Anhang Nr. 3).

Schließlich ist der Sicherheitseinbehalt in der vertraglich vereinbarten Höhe abzusetzen.

Es empfiehlt sich, die Abrechnung mit einer **Schlußerklärung** abzuschließen, um sicherzustellen, daß keine nachträglichen Forderungen später erhoben werden (siehe Muster Anhang Nr. 4) (Vergl. auch VOB/B § 16, 3(2)).

Bei Anwendung der elektronischen Datenverarbeitung bei der Bauabrechnung ergeben sich für Auftragnehmer und Auftraggeber erhebliche Vorteile durch Beschleunigung der Abrechnung und Kostensicherheit. Maßgebend sind die Richtlinien für die elektronische Bauabrechnung REB (4), die von der Forschungsgesellschaft für das Straßenwesen in Verbindung mit dem Gemeinsamen Ausschuß Elektronik im Bauwesen (GAEB) aufgestellt wurden. Für die Programmanwendungen gelten die Anwendungsvorschriften der EDV-Anlagen und -Programme. (EDV-Anwendung bei der Bauabrechnung, siehe Stichwort-AVA, Teil 2). Der Architekt haftet für die Richtigkeit der Abrechnung. Für Schäden, die dem Auftraggeber aus Fehlern in der Abrechnung erwachsen, hat er einzustehen.

7.3 Zahlung

VOB/B § 16 Falls über die Zahlungsweise in den Verdingungsunterlagen nichts Besonderes angegeben und bei der Vergabeverhandlung keine Vereinbarungen darüber getroffen wurden, gilt — sofern vereinbart — die VOB.

Vorauszahlungen auf Leistungen, Baustoffe oder Bauteile, die noch nicht erbracht bezw. eingebaut sind, sollen durch Bankbürgschaften abgesichert werden. Diese müssen unbefristet und unter dem Verzicht der Einrede der **BGB § 771** Vorausklage ausgestellt sein. Da durch diese Zahlungsweise dem Auftragnehmer ein Zins- bzw. Liquiditätsvorteil erwächst, kann bei der Vergabeverhandlung ein wertentsprechender Nachlaß vereinbart werden.

Abschlagszahlungen sind für nachgewiesene vertragsgemäße Arbeiten zu leisten. Es kommt jedoch darauf an, daß diese **prüfbar** nachgewiesen werden. Falls Zahlungen auf noch nicht fest eingebaute Stoffe oder Bauteile geleistet werden sollen, sind diese zuvor zu übereignen, oder es ist Bankbürgschaft entsprechenden Wertes vom Auftragnehmer vorzulegen.

Die für Vorauszahlungen und Abschlagszahlungen hinterlegten, unbefristeten Bankbürgschaften sind dem Auftragnehmer zurückzugeben, wenn der entsprechende Leistungswert unter Berücksichtigung der Abschlagszahlungen erreicht ist.

Zahlungspläne sind bei pauschalierten Vergütungen üblich. Im Falle eines Stahlbetonfertigteilbauwerks kann z. B. vereinbart werden:
30 % bei Auftragserteilung (gegen Bankbürgschaft)
30 % bei Montagebeginn (gegen Bankbürgschaft)
30 % bei Montageende
10 % nach Abnahme und Schlußabrechnung unter Berücksichtigung evtl. vorzunehmender Abzüge.
Die Bankbürgschaften sind zurückzugeben, wenn die erbrachte Leistung auf der Baustelle ihrem Wert entspricht.

Schlußzahlungen sind als solche zu kennzeichnen. Sie stellen die letzte Zahlung dar, nachdem die auf die Vergütung entfallenden bereits geleisteten Zahlungen, Abzüge u. dgl. abgesetzt sind.

Umsatz-(Mehrwert-)Steuer wird nach dem Umsatzsteuergesetz bei bewirkter **VOB/B** Leistung, auch bei Teilleistungen fällig. Darum ist der entsprechende Steuer- **§ 16, 1** betrag bei allen Abschlags- und Schlußzahlungen zu leisten. Bei Änderung der **(1)** Höhe des Umsatz- (Mehrwert-) Steuersatzes sind die bis zum Änderungszeitpunkt bewirkten Leistungen nach altem, die danach bewirkten Leistungen nach dem neuen Steuersatz zu versteuern (Näheres regeln Erlasse der Finanzämter).

Die Fälligkeit der Zahlungen ist in der VOB/B so geregelt:
— Abschlagzahlungen spätestens zwölf Werktage nach Zugang der Rech- **VOB/B** nung. **§ 16, 1**
(3)
— Schlußzahlungen spätestens zwei Monate nach Zugang. **VOB/B**
§ 16, 3
Evtl. sind abweichende Zahlungsfristen in den Verdingungsunterlagen zu re- **(1)** geln, falls diese Dauern für den Prüfungs- und Zahlungsvorgang nicht ausreichen.

Vom Architekt sind für die vom Auftraggeber zu leistenden Zahlungen entsprechende Zahlungsanweisungen auszufertigen.

> **Beispiel:**
>
> **Zahlungsanweisung Nr.** 06/G35/125
>
> **Aufgrund der geprüften und festgestellten Rechnung vom** 26. 8. 85
> **ist gem. Vertrag**
> **an** Fa. Schmidt & Meyer GmbH, Dreifensterstr. 121, 35 Kassel
> **für** Rohbauarbeiten
> **am** 5. Sept. 1985
> **die Summe von**
>
> | | | |
> |---|---:|---|
> | | 25 000,— DM | |
> | 14 % MWSt | 3 500,— DM | |
> | | 28 500,— DM | |
>
> in Worten: achtundzwanzigtausendfünfhundert
> **als**   4 **Abschlagszahlung/Schlußzahlung**
> **auszuzahlen**
> **auf Konto Nr.** 40100507 **bei** BFH-Bank, Fil. Kassel, BLZ 200 500 05
> **Kassel, den** 1. Sept. 1985
>
> ....
>   (Unterschrift)
> **Zahlungen, die ohne Anweisung geleistet werden, können nicht**
> **ordnungsgemäß gebucht werden.**

Für die sonstigen in Zusammenhang mit Zahlungen auftretenden Fragen gelten die vertraglichen bzw. gesetzlichen Bestimmungen. Im Falle vertraglich vereinbarter Rückzahlungsklauseln können z. B. nach Überprüfung der gesamten Vertragsabwicklung, besonders der Abrechnung, durch Revisionsinstanzen des Auftraggebers später bis zu einem Spätest-Zeitpunkt zuviel bezahlte Beträge zuzüglich Zinsen vom Auftragnehmer zurückgefordert werden.

7.4 Sicherheitsleistung

Die Sicherheitsleistung dient dazu, den Auftraggeber mit einem Geldbetrag in vereinbarter Höhe, während der Ausführung und während der Gewährleistungsfrist vor Schaden zu bewahren.

VOB/B § 16   Bei **Abschlagzahlungen** werden gewöhnlich 10 % des Wertes der nachgewiesenen, erbrachten Leistung ohne Umsatzsteueranteil als Sicherheitsleistung bis zur Schlußabrechnung einbehalten, bzw. 90 % werden ausbezahlt. Mit dem Einbehalt können Gegenforderungen des Auftraggebers verrechnet werden, z. B. wegen nicht vom Auftragnehmer während der Ausführung beseitigter

VOB/B § 4, 7   Mängel, die der Auftraggeber auf Kosten des Auftragnehmers von einem Dritten beheben läßt.

VOB/B § 17   Bei **Schlußzahlungen** werden von der Gesamt-Abrechnungssumme (ohne den Umsatzsteueranteil) gewöhnlich 3 % bis 5 % einbehalten.

BGB
§ 232—240   Der **Sicherheitseinbehalt** ist der prozentuale Anteil der Netto-Abrechnungssumme, der vom Auftraggeber aufgrund vertraglicher Vereinbarungen einbehalten werden kann, um bei evtl. späteren Mängeln, die im Laufe der Verjährungsfrist auftreten, ggf. die Mängelbeseitigung durch andere Unternehmer vornehmen zu lassen und den Sicherheitseinbehalt dafür zu verwenden. Die Sicherheit kann in Geld geleistet werden, indem der Betrag einbehalten wird. Eine andere häufige Form ist die Vorlage einer schriftlichen Bürgschaftserklärung eines Kreditinstituts oder Kreditversicherers, die unbefristet (wegen evtl. Unter-

brechung der Verjährung) und unter Verzicht auf die Einrede der Vorausklage **BGB § 771**
ausgestellt sein muß. Spätestens nach Ablauf der Verjährungsfrist für die
Gewährleistung ist der Geldbetrag an den AN auszuzahlen bzw. die Bürg-
schaft zurückzugeben. In den Verdingungsunterlagen ist zu regeln, ob eine in **VOB/B § 17**
Geld geleistete Sicherheit auf ein Sperrkonto im Sinne der Allgemeinen Vertragsbedingungen einzuzahlen ist. **Vergl. 4.3**

7.5 Lohn-/Materialpreis-Erhöhungen

Ob der AN während oder nach der Ausführung Mehrkosten geltend machen
kann, die aus Lohn- und/oder Materialpreis-Erhöhungen herrühren, hängt von
den vertraglichen Vereinbarungen ab. Das muß in den Verdingungsunterlagen **Vergl. 4.3**
geregelt werden, damit der Bieter das daraus sich ergebende preisliche Risiko
bei seiner Kalkulation einschätzen kann.

Sofern nichts anderes vereinbart ist, gelten alle Angebotspreise als **Festpreise**, **VOB/A § 15**
d. h. es können weder wegen nach Angebotsabgabe eingetretenen Erhöhun- **VOB/B § 2**
gen von Löhnen und Material-Preisen, noch aus anderen Gründen höhere Kosten geltend gemacht werden. (Einschränkungen können nach VOB/B § 2 gelten!)

Ändern sich jedoch die Löhne bzw. Preise unvorhersehbar in einem solchen
Maße, daß der „Wegfall der Geschäftsgrundlage" in Betracht kommt, so kann **BGB § 242**
der AN dennoch die Anpassung der Preise verlangen. Notfalls muß er wegen
seiner Ansprüche klagen.

In der Regel wird sich ein Unternehmer nicht auf eine Festpreisbindung einlas- **VOB/A § 15**
sen, sondern sich die Anpassung der Preise bei geänderter Kostensituation
vorbehalten und darum eine **Gleitklausel** vereinbaren wollen. Dieser Wunsch
wird angesichts ständiger, zumeist in jährlichem Abstand erfolgender, tariflicher Lohnerhöhungen besonders bei längerfristigen Bauabwicklungen ver-
ständlich. Bei Bauarbeiten, die voraussichtlich nicht vor dem Ablauf von neun
Monaten nach Angebotsabgabe abgeschlossen sein werden, hat sich folgende
Vereinbarung als akzeptabel erwiesen:

„Alle Materialpreise sind Festpreise. Erhöhen sich jedoch die Baustellen-Lohn-
kosten aufgrund tariflicher Lohnvereinbarungen der Tarifpartner nach dem Ablauf von neun Monaten nach Abgabe des Angebots, so können die unter Verwendung der Baustellen-Lohnlisten nachgewiesenen Lohnmehraufwendun-
gen zuzüglich der lohngebundenen Zuschläge (die vom Bieter in diesem Angebot in den Zusätzlichen Vertragsbedingungen als v. H.-Satz des tariflichen
Bruttolohnes ohne freiwillige Zuwendungen des Arbeitgebers, wie etwa Prämien und dgl. anzubieten sind) abgerechnet werden."

Eine derartige Formulierung kann den Unternehmer von unnützen Risikozu-
schlägen bei seiner Preiskalkulation entbinden und damit dem AG einen reel-
len Preis für die geforderte Leistung bieten. Die Eingrenzung auf die Baustellen-
löhne soll die Überprüfungsmöglichkeit sicherstellen.

Bei Aufträgen der öffentlichen Hand gelten für nachträgliche Preiserhöhungen
besondere Festlegungen, auf die hier nicht näher eingegangen wird.

8 Haftung und Gewährleistung

8.1 Haftung

Haften heißt, für den Schaden eines anderen verantwortlich sein mit der Folge, daß dem Geschädigten Ersatz zu leisten ist.

Die Haftung der Vertragsparteien untereinander regelt sich nach gesetzlichen Bestimmungen, wie
— Haftung für Vorsatz und Fahrlässigkeit,

BGB § 276
BGB § 278
— Haftung für gesetzliche Vertreter und Erfüllungsgehilfen.

VOB/B § 10
Wird ein Dritter geschädigt, so gelten ebenfalls die gesetzlichen Bestimmungen, sofern nichts anderes vereinbart ist.

Vergl. 4.2
Besonderen Hinweises bedarf die Bestimmung VOB/B § 10,2 (2), die den vom Auftragnehmer allein zu tragenden Schaden einschränkt (Regelung in den Besonderen Vertragsbedingungen evtl. erforderlich). Der Auftragnehmer sollte dem Auftraggeber vor dem Zustandekommen des Vertrages den Nachweis über seine Betriebshaftpflichtversicherung durch Vorlage der Versicherungsurkunde (Police) führen.

BGB § 633
VOB/B § 13
Der Auftragnehmer haftet dafür, daß seine Leistung als das Werk i. S. BGB mängelfrei ist. Ist dies nicht der Fall, hat der Auftraggeber Anspruch auf Mängelbeseitigung.

VOB/B § 4, 2
VOB/B
§ 13, 1
StGB § 323
Der Auftragnehmer ist dafür verantwortlich, daß seine Leistungen den **allgemein anerkannten Regeln der Technik** entsprechen. Dieser Bestimmung unterliegen auch die Leistungen der Architekten und der Ingenieure. Dies trifft nur evtl. dann nicht zu, wenn die Planenden bzw. die ausführenden Auftragnehmer vorher schriftlich darauf hinweisen, daß eine vom Auftraggeber ausdrücklich

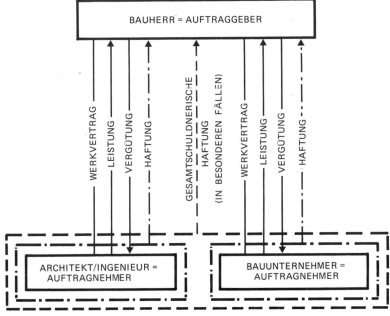

Abb. 17 Haftung Bauherr/Architekt/Bauunternehmer

verlangte Ausführung den allgemein anerkannten Regeln der Technik nicht entspricht, sie ihre Haftung dafür ablehnen, und sie dann vom Auftraggeber ausdrücklich schriftlich aus der Haftung dafür entlassen werden — sofern eine Baugefährdung nicht eintritt.

Wer jedoch bei Planung, Leitung oder Ausführung eines Baues oder des Abbruchs eines Bauwerks gegen die anerkannten Regeln der Technik verstößt und dadurch den Tatbestand der **Baugefährdung** herbeiführt, riskiert Freiheits- oder Geldstrafe, auch dann, wenn Fahrlässigkeit vorliegt.   **StGB § 323**

8.2 Gewährleistung

Es ist zwischen Garantie und Gewährleistung zu unterscheiden.

— Die **selbständige Garantie** verpflichtet den Garant, für einen bestimmten Erfolg in der Weise einzustehen, daß er beim Nichteintritt des Erfolgs ohne Rücksicht auf Verschulden dem Garantieempfänger Ersatz leistet. (Beispiel: Garantieversprechen für die Einhaltung einer bestimmten Bausumme).

— Die **Gewährleistung** (unselbständige Garantie, Mängelhaftung) verpflichtet den Unternehmer beim Werkvertrag zur Mängelfreiheit des Werkes zum Zeitpunkt der Abnahme bis zum Ablauf der Verjährungsfrist (Beispiel: Qualität bzw. zugesicherte Eigenschaften einer Bauleistung, wie die Dichtigkeit einer Dachhaut).

8.3 Mängelbeseitigung

Wenn ein Mangel in der Weise vorliegt, daß der Vertragsgegenstand zu dem gewöhnlichen oder vereinbarten Gebrauch nicht taugt, so kann der Auftraggeber die Mängelbeseitigung verlangen, im Sinne seines Rechts auf Nachbesserung, wobei eine angemessene Frist zu setzen ist.   **BGB § 633** **BGB § 476 a**

Die Aufforderung zur Mängelbeseitigung nach der Abnahme der Leistung kann, innerhalb der Verjährungsfrist, so formuliert werden:

„An den von Ihnen ausgeführten Leistungen/Lieferungen wurden folgende Mängel festgestellt:	**VOB/B § 13**
Im Sinne der vertraglichen Vereinbarungen teile ich Ihnen mit: 1. Für die Beseitigung dieser Mängel setze ich Ihnen eine angemessene Frist zum .... Uhr.	**BGB § 633**
2. Die Erledigung dieser Arbeiten ist mir unverzüglich schriftlich mitzuteilen, damit die Abnahme dieser Mängelbeseitigung vorgenommen werden kann.	**BGB § 639**
3. Die Verjährung wird ab heute solange gehemmt/unterbrochen, bis die Abnahme der Mängelbeseitigung erfolgt ist.	**BGB § 639** **VOB/B** **§ 13, 5 (1)**
4. Sollten Sie wider Erwarten die Beseitigung der Mängel zum gesetzten Termin nicht vornehmen, bin ich berechtigt, einen anderen Unternehmer auf Ihre Kosten die Mängel beseitigen zu lassen oder einen der Wertminderung entsprechenden Betrag von dem Sicherheitseinbehalt abzuziehen.	**BGB § 634** **BGB § 472** **BGB § 387** **BGB § 476 a**
5. Die Kosten für meine im Zusammenhang mit der Mängelbeseitigung entstehenden Aufwendungen gehen ebenfalls zu Ihren Lasten."	

8.4 Verjährungsfrist

BGB § 195—197
Die regelmäßige Verjährungsfrist beträgt 30 Jahre, sonst zwei oder vier Jahre, entsprechend den Bestimmungen des BGB. Die Verjährungsfrist beginnt bei zwei- und vierjährigen Fristen mit dem Schluß des Jahres, in dem der Anspruch eintritt (Stichtag 31. Dezember).

Bei Bauten gelten jedoch folgende Bestimmungen:

Vergl. 6, 7
BGB § 187
a) Die Verjährung beginnt mit der Abnahme (an dem auf den Tag der Abnahme folgenden Tag).

BGB § 638
b1) Die Verjährungsfrist beträgt nach BGB **fünf** Jahre oder

VOB/B § 13
b2) die Verjährungsfrist beträgt nach VOB **zwei** Jahre, für die vom Feuer berührten Teile nur ein Jahr.

BGB § 188
Die Verjährungsfrist endet mit dem Ablauf des Tages, der dem Abnahmetag kalendermäßig entspricht.

Vergl. 4.2
Welche der möglichen, auch längeren Verjährungsfristen, gelten soll, ist im Vertrag zu regeln.

BGB § 639
VOB/B § 13, 5 (1)
Die Verjährung wird im Falle einer Mängelanzeige so lange gehemmt oder unterbrochen, bis der Mangel beseitigt und die Mängelbeseitigung abgenommen worden ist oder wenn der Auftragnehmer die Beseitigung verweigert.

BGB § 205
Hemmung der Verjährung heißt, daß der Zeitraum, während dessen die Verjährung gehemmt ist, in die Verjährungsfrist nicht eingerechnet wird.

BGB § 217
Unterbrechung der Verjährung bedeutet, daß die bis zur Unterbrechung verstrichene Verjährungszeit nicht gilt und die Verjährungsfrist erst wieder nach Beendigung der Unterbrechung neu zu laufen beginnt.

(Beispiel: Tritt bei einer fünfjährigen Verjährungsfrist gemäß BGB nach 40 Monaten die Unterbrechung ein, dann beginnt nach Beendigung der Unterbrechung die fünfjährige Verjährungsfrist neu).

BGB § 208
BGB § 209
Die Verjährung kann im Fall der fünfjährigen BGB-Verjährungsfrist durch bloße Mahnung des Schuldners nicht unterbrochen werden, sondern nur durch Anerkenntnis oder durch Klageerhebung und ihr gleichstehende Rechtshandlungen. Sobald sich in diesen Fällen Schwierigkeiten abzeichnen, unverzüglich Rechtsanwalt einschalten, um Form und Fristen zu wahren!

VOB/B § 13, 5 (1)
Sofern VOB/B als Vertragsgrundlage vereinbart ist, wird durch die schriftliche Mängelrüge, die nur einmal erhoben werden kann, die kurze Verjährungsfrist der VOB unterbrochen.

(Beispiel: Wird bei einer zweijährigen Verjährungsfrist gemäß VOB vor Ablauf der Frist ein Mangel gerügt, so gilt die Verjährung als unterbrochen. Sie beginnt neu nach Abnahme der Mängelbeseitigung).

8.5 Gesamtschuldnerische Haftung

BGB § 421
BGB § 427
Bei der Gesamtschuld schulden mehrere Auftragnehmer eine Leistung in der Weise, daß jeder die ganze Leistung zu erbringen verpflichtet ist, die der Auftraggeber jedoch nur einmal fordern kann.

Beispiel: Wenn drei Firmen eine **Arbeitsgemeinschaft** zur Erbringung einer Bauleistung bilden und eine Firma während der Vertragserfüllung durch Konkurs ausscheidet, so sind die beiden in der Arbeitsgemeinschaft verbleibenden

Firmen verpflichtet, die geforderten Leistungen insgesamt zu erbringen und auch für Mängel einzustehen, die an der Leistung des früheren Arbeitsgemeinschaftspartners auftreten.

Nach der BGH-Entscheidung vom 1. 2. 1965 sind Architekt und Bauunternehmer immer dann als Gesamtschuldner anzusehen, wenn sie beide wegen eines Mangels am Bauwerk auf Schadenersatz in Geld wegen Nichterfüllung haften. **BGB § 635** Dies gilt auch dann, wenn der Architekt auf Schadenersatz in Geld in Anspruch genommen, vom Bauunternehmer jedoch zunächst nur Nachbesserung ver- **BGB § 633, 3** langt wird. (Gegebenenfalls besondere Regelung im Architektenvertrag bezüg- **BGB § 476 a** lich Haftungsbeschränkung des Architekten und der Verjährungsfristen erforderlich).

8.6 Haftung des Architekten und des Ingenieurs

Nach dem Stand der (bis Juni 1984) bekannt gewordenen Rechtssprechung gilt für die Haftung des Architekten wie des Ingenieurs eine Verjährungsfrist von 5 Jahren nach Abschluß seiner vertraglichen Leistungen. Für Bauunternehmer gelten jedoch — sofern nichts anderes vereinbart ist — häufig kürzere Verjährungszeiten, wie gemäß VOB 2 Jahre nach Abnahme.

Sofern der Architekt oder Ingenieur und der Bauunternehmer wegen eines Mangels am Bauwerk als Gesamtschuldner haftet, kann der Fall eintreten, daß der Architekt oder Ingenieur noch haftet, während die Haftung des Bauunternehmers bereits abgelaufen ist. Nach aller Erfahrung ist es deshalb ratsam und billig, mit dem Bauherrn die Klausel zu vereinbaren, daß der Architekt oder Ingenieur „nicht länger haftet als die an der Bauleistung beteiligten Bauunternehmer".

8.7 Haftung wegen positiver Vertragsverletzung

Im BGB sind nicht alle denkbaren Leistungsstörungen erfaßt. Als gesichertes Rechtsinstitut gilt heute neben den Vorschriften des BGB über Unmöglichkeit, Verzug und Gewährleistung bei Werk- und Dienstverträgen, daß ein Auftraggeber Ansprüche wegen entfernterer Mangelfolgeschäden oder Nebenpflichtverletzungen geltend machen kann. Diese Ansprüche verjähren nach ständiger BGH-Rechtsprechung in dreißig Jahren.

Beispiel für einen entfernteren Mangelfolgeschaden:
Ein Ingenieur hat eine Heizung fehlerhaft geplant mit der Folge, daß Heizungswasser austritt (Bauwerkschaden), welches Möbel unbrauchbar macht (Mangelfolgeschaden).

Beispiel für eine Nebenpflichtverletzung:
Ein Architekt hat einen Dachaufbau fehlerhaft geplant. Wegen der bauphysikalischen Unzulänglichkeiten entstehen Bauwerksschäden. Ein Gerichtsverfahren (zu dem der Architekt seinem Auftraggeber geraten hatte) gegen den ausführenden Unternehmer, erweist in letzter Instanz die Schuld des Architekten. Der Architekt haftet, weil er seinem Auftraggeber zu einem aussichtslosen Prozeß geraten hatte.

9 Versicherungen

Versicherungen sollen den Versicherten vor den Schadensfolgen von Risiken schützen, die er während des Planes und/oder des Ausführens eines Bauwerks zu tragen hat. Man unterscheidet allgemein **Pflichtversicherungen,** zu deren Abschluß man gesetzlich verpflichtet ist (z. B. Kraftfahrzeughaftpflichtversicherung, Feuerversicherung) und **freiwillige Versicherungen** (z. B. Bauwesenversicherung), die abgeschlossen werden können, um besondere, jeweils näher zu definierende versicherbare Risiken zu decken. Versicherungen schützen nicht vor Strafen, sondern gegen Inanspruchnahme durch Dritte auf Schadenersatz nach den gesetzlichen Bestimmungen privatrechtlichen Inhalts.

Dem Abschluß einer freiwilligen Versicherung geht die Beratung des Versicherungsnehmers durch die Versicherungsträger voraus, wobei eine eingehende Risiko-Analyse zu erfolgen hat, um alle erkennbaren versicherbaren Risiken mit der Versicherung abdecken zu können. Es lassen sich Angebote über Prämien von verschiedenen Versicherern für gleiche Deckungssummen gleicher Risiken einholen und vergleichen. Entscheidend ist jedoch das Verhalten des Versicherers im Schadensfall.

AHB

AHB § 4

Eine wichtige Gruppe der Versicherungen bilden die verschiedenen **Haftpflichtversicherungen.** Diesen liegen die ,,Allgemeinen Versicherungs-Bedingungen für Haftpflicht-Versicherung" (AHB) zugrunde. Sie sind vom Bundesaufsichtsamt für das Versicherungswesen genehmigt und gelten — gegebenenfalls mit Besonderen Bedingungen und Risikobeschreibungen in besonderen Fällen oder mit besonderen Einschränkungen oder mit besonderen Einschlüssen — grundsätzlich für alle Haftpflichtversicherungen. Alle Versicherungsbedingungen sind sorgfältig vom Versicherten zu lesen, um auch über Einzelheiten ausreichend unterrichtet zu sein. Alle Regelungen sind im Versicherungsvertrag zu treffen. In den folgenden Darlegungen wird ein Überblick vermittelt; Einzelheiten sind den jeweiligen Versicherungsbedingungen zu entnehmen.

9.1 Versicherungen des Bauherrn

Der Bauherr hat während der Bauausführung und nach Fertigstellung eine Reihe von Risiken zu tragen, gegen die er sich versichern kann oder muß.

9.1.1 Bauwesenversicherung

Der Bauherr wird in der Regel eine Bauwesenversicherung, seit 1974 auch Bauleistungsversicherung genannt, für ein bestimmtes Bauwerk abschließen, jedoch ist auch ein Generalvertrag für mehrere Bauten, sowie die Mitversicherung von bestehenden Altbauten möglich.

Grundlage: Allgemeine Bedingungen für die Bauwesenversicherung durch Auftraggeber (ABN)

ABN § 1

ABN § 8

Versicherte Risiken: Unvorhergesehen eingetretene Schäden an Bauleistungen, Baustoffen und Bauteilen für den Roh- und Ausbau oder für den Umbau einschließlich wesentlicher Einrichtungen (Ausschlüsse!) und die Außenanlagen (Ausschlüsse!), Diebstahl eingebauter Materialien und Bauteile (sofern vereinbart) und weitere gegebenenfalls besonders einzuschließende Risiken bis zur Bezugsfertigkeit oder dem Ablauf von 6 Werktagen seit Beginn der Benutzung oder mit dem Tage der behördlichen Gebrauchsabnahme, wobei der früheste dieser Zeitpunkte maßgebend ist. Beim Einschluß des Altbaurisikos ist der Ganz- oder Teileinsturz dieses Altbaues mitversichert.

Deckungssumme: Gesamte Bausumme (Neubau); bei Altbauten: gewünschte Versicherungssumme. **ABN § 5**

Wichtige Ausschlüsse: **ABN § 2**
Gewährleistungsschäden,
Verstoß gegen anerkannte Regeln der Technik,
Schäden durch normale Witterungseinflüsse,
Schäden durch Kriegsereignisse,
Schäden durch Streik.

Prämien: Abhängig von der Höhe der Baukosten nach Angebot des Versicherers (z. B. 0,7 %). Sie kann anteilig auf die Unternehmer umgelegt werden. (Regelung in den Verdingungsunterlagen erforderlich). Bei Altbauten z. B. für DM 50 000,—, 1,80 %.

Selbstbehalt: 10 % des Schadens, mindestens DM 500,— gilt bei mehreren Schäden jeweils einzeln. Bei Altbauten je Schaden 20 %, wenigstens DM 1 000,—.

1. Beispiel eines Schadens: Einbrecher stehlen aus einem abgeschlossenen, kurz vor der Bezugsfertigkeit stehenden Gebäude Heizkörper. Dabei tritt aus dem Rohrleitungssystem eine große Menge Wasser aus, das den Teppichbodenbelag unbrauchbar macht und den Estrich aufwölbt, so daß er herausgerissen und ersetzt werden muß.

2. Beispiel eines Schadens: Bei Unterfangarbeiten an einem Nachbargiebel wird ordnungsgemäß gearbeitet und abgesteift. Bei einem starken Wolkenbruch wird die Absteifung trotzdem fortgeschwemmt, der Nachbargiebel stürzt teilweise ein. Hierbei treten erhebliche Schäden am Nachbargebäude ein, Deckensenkungen usw.; der gesamte Giebel muß neu aufgemauert werden.

9.1.2 Bauherren-Haftpflichtversicherung

Grundlage: Allgemeine Versicherungs-Bedingungen für Haftpflicht-Versicherungen (AHB) **AHB**

Versicherte Risiken: Personenschäden, Schädigung des Nachbarn, Schadenersatz unter der Voraussetzung, daß Planung, Bauausführung und Bauüberwachung an **Fachleute** vergeben wurden, bis zur Bauabnahme.

Deckungssummen:
Personenschäden   DM 1 000 000,—
Sachschäden   DM   100 000,—
Höhere Versicherungssummen können vereinbart werden. Leistung des Versicherers pro Jahr wird auf das Doppelte der Versicherungssumme begrenzt.

Wichtige Ausschlüsse: Schäden am eigenen Bauwerk, an geliehenen oder gemieteten Sachen. Schäden, die Verwandte des Versicherungsnehmers betreffen sowie die Ausschlüsse der AHB. **AHB § 4**

Prämie: Abhängig von der Höhe der Baukosten nach Angebot des Versicherers (z. B. 0,7 DM je TDM)

Die Bauherren-Haftpflichtversicherung sollte auch bei **Baueigenleistungen** abgeschlossen werden (Sondervertrag).

Beispiel eines Schadens: Der stolze Bauherr führt Bekannte sonntags durch seinen Neubau. Einer stürzt in eine ungesicherte Bodenöffnung und zieht sich dabei erhebliche Verletzungen zu. Der Bauherr muß für diesen Personenschaden aufkommen.

9.1.3 Gebäude-Feuerversicherung

Sofern die Gebäude-Feuerversicherung örtlich als Pflichtversicherung gilt, sind alle Neubauten, sowie An-, Aus- und Umbauten, die den Gebäudewert erhöhen , zur Gebäudeversicherung anzumelden. Bauantrag oder Baugenehmigung ersetzen den Versicherungsantrag nicht. Die Versicherung ist spätestens bis zum Ende des Kalenderquartals, in dem der Bau vollendet worden ist, bei der Gemeinde- bzw. Stadtverwaltung zu beantragen. Für im Bau befindliche Gebäude ist bis zur Fertigstellung bis zu einer Zeit von 9 Monaten eine beitragsfreie Kostenvoranschlagversicherung möglich (Information der Hessischen Brandversicherungskammer).

Versicherer: Örtlich zuständige Brandversicherungskammern bzw. Brandkassen.

Im größten Teil des Bundesgebietes ist auch die Gebäude-Feuerversicherung eine freiwillige Versicherung, wird aber allerdings von den Hypothekengebern erzwungen. Bei freiwilliger Versicherung ist der Versicherungsnehmer selbst für die Ausfüllung des Versicherungsantrages verantwortlich und hat dafür Sorge zu tragen, daß er früh genug Versicherungs-Schutz für seinen Neubau erlangt.

Diese Gebäude-Feuerversicherung wird meistens als gebündelte Versicherung abgeschlossen, und zwar für Feuer, Sturm und Leitungswasser, wobei die Sturm- und Leitungswasser-Versicherung erst mit Beendigung des Baues in Kraft tritt.

Grundlage: Allgemeine Feuerversicherungsbedingungen

Versicherte Risiken: Schäden durch Brand, Löscharbeiten, Blitzschlag, Explosion oder durch Anprall von Luftfahrzeugen oder Luftfahrzeugteilen, in Zusammenhang damit erforderliche Aufräumungs- oder Abbrucharbeiten sowie Mieteinnahmeverluste oder Ausfall der eigenen Nutzung von Wohnräumen bis zu 6 Monaten.

Deckungssumme:
a) Zeitwert des Gebäudes nach besonderer Berechnung.
b) Neuwert des Gebäudes nach besonderer Berechnung.

Wichtige Ausschlüsse: Schäden durch Krieg, Erdbeben, Sturm, Hagel, Hochwasser, Leitungswasser und Kern-(Atom-)energie.

Prämie: wird nach Bauwert ermittelt.

1. Beispiel eines Schadens: Blitzschlag in einen gedeckten Rohbau verursacht Dachstuhlbrand. Das ganze Gebälk, die Dacheindeckung und das Mauerwerk im Dachbereich sind nach Abräumen der Trümmer neu herzustellen.

2. Beispiel eines Schadens: Durch Sturm wird das Haus abgedeckt, muß wieder neu eingedeckt werden, bzw. bei der Wasserversicherung eine im Fußboden verlegte Fußbodenheizung wird undicht, der gesamte Fußboden muß neu aufgenommen werden, die Heizung neu verlegt werden, neuer Teppichboden, neuer Estrich usw. sind erforderlich.

9.1.4 Gewässerschaden-Haftpflichtversicherung
(Öltank-Haftpflichtversicherung)

Noch vor dem Bezug eines Neubaus wird der Öltank gefüllt, um die Heizung zu erproben oder in Betrieb zu nehmen. Darum ist rechtzeitig die Öltank-Haftpflichtversicherung abzuschließen.

Grundlage: AHB und Wasserhaushaltsgesetz (WHG)

Versicherte Risiken: Gewässerschäden infolge Ölunfällen, Rettungskosten.

Deckungssummen: Personen-, Sach- und Vermögensschäden von DM 500 000,— bis 1 000 000,—. Max. Ersatzleistung pro Jahr in Höhe des Doppelten der Deckungssumme.

Wichtige Ausschlüsse: Schäden infolge Abweichens von Verordnungen und Gesetzen, infolge Kriegsereignissen, Aufruhr und höherer Gewalt.

Prämie: abhängig von Ausführung des Ölbehälters als Erdtank oder Kellertank und vom jeweiligen Inhalt.
Die Selbstbeteiligung im Schadensfall ist abhängig vom Öltankalter, wobei der Selbstbehalt bei Tanks über 5 Jahren wesentlich höher sein kann.

Beispiel eines Schadens: Nach Abnahme und Probebetrieb der Heizung kommt es im noch unbewohnten Neubau zu einem Bruch einer Verbindungs-Ölleitung. Das auslaufende Öl versickert und verursacht eine Gefährdung des Grundwassers.

9.1.5 Haus-Haftpflichtversicherung

Die Haus-Haftpflichtversicherung ist bei Bestehen einer üblichen Privathaftpflichtversicherung dann eingeschlossen, wenn der Hausbesitzer lediglich ein Einfamilien- oder Wochenendhaus oder eine Eigentumswohnung hat. Bei Häusern mit zwei und mehr Wohnungen ist eine Haus-Haftpflichtversicherung abzuschließen, wobei diese aus der Bauherren-Haftpflichtversicherung übergeleitet werden kann.

Grundlage: AHB

Versicherte Risiken: Anspruch auf Schadenersatz aufgrund gesetzlicher Haftpflichtbestimmungen privatrechtlichen Inhalts.

Deckungssummen:
Personenschäden   DM 1 000 000,—
Sachschäden   DM   300 000,—
Höhere Versicherungssummen können vereinbart werden.

Wichtige Ausschlüsse: Ölschäden, Eigenschäden und solche, die Verwandte **Vergl. 9.1.4** des Versicherers erleiden. Schäden an gemieteten oder geliehenen Sachen.

Prämie: abhängig von Höhe der Jahresmieteinnahme.

Beispiel eines Schadens: Auf einem wegrutschenden, auf glatter Unterlage liegenden Fußabstreifer an der Hauseingangstür kommt ein Besucher zu Fall und ist aufgrund der erlittenen Verletzungen längere Zeit arbeitsunfähig. Der Hausbesitzer haftet.

9.2 Versicherungen des Architekten und des Ingenieurs

Für Architekten und Ingenieure ist die Berufshaftpflichtversicherung, auch aus der Sicht des Auftraggebers, die wohl wichtigste Versicherung. Sie wird darum hier als einzige behandelt. Geschäfts- und Unfallversicherungen bleiben in diesem AVA-Problemkreis unberücksichtigt. Die Verträge zwischen AG und Architekt/Ingenieur sind so zu fassen, daß sie mit den Versicherungsbedingungen vereinbar sind und die versicherten Risiken nicht einschränken.

9.2.1 Haftpflichtversicherung von Architekten und Bauingenieuren
(Pflichtversicherung aufgrund der Architektengesetze)

Grundlage: AHB in Verbindung mit den Besonderen Bedingungen und Risikobeschreibungen für die Berufshaftpflichtversicherung von Architekten und Bauingenieuren (BHB), die kürzlich reformiert wurden.

Versicherte Risiken: Personenschäden und sonstige Schäden (Sach- und Vermögensschäden) als Folge von Verstößen bei der Ausübung der Berufstätigkeit einschl. der Leistungen der übrigen an der Planung und Ausführung Beteiligten.

Deckungssummen (begrenzt auf das Doppelte pro Jahr):
Personenschäden   **DM   1 000 000,—**
Sonstige Schäden   **DM   100 000,— oder DM 150 000,—**

Höhere Deckungssummen sind durch die sog. **Excedenten-Versicherung** absicherbar, z. B. zusätzlich DM 850 000,— zu der Deckungssumme für Sonstige Schäden.

Form der Versicherung: Durchlaufende Jahresversicherung oder reine Objektversicherung.

Höhere Versicherungssumme nach Vereinbarung: Die Selbstbeteiligung beträgt in jedem Schadensfall normalerweise 10 %, mindestens DM 300,—, höchstens DM 5 000,—. Auf besondere Vereinbarung kann diese Selbstbeteiligung erhöht werden.

Wichtige Ausschlüsse: Ausgeschlossen sind Ansprüche wegen Schäden
  1. aus der Überschreitung der Bauzeit sowie von Fristen und Terminen,
  2. aus der Überschreitung ermittelter Massen oder Kosten,
  3. aus fehlerhaften Massen- oder Kostenermittlungen,
  4. aus Verletzung von gewerblichen Schutzrechten und Urheberrechten,
  5. aus der Vergabe von Lizenzen,
  6. aus dem Abhandenkommen von Sachen einschl. Geld, Wertpapieren und Wertsachen,
  7. die als Folge eines im Inland oder Ausland begangenen Verstoßes im Ausland eingetreten sind,
  8. die der Versicherungsnehmer oder ein Mitversicherter durch ein bewußt gesetz-, vorschrifts- oder sonst pflichtwidriges Verhalten verursacht hat,
  9. aus der Vermittlung von Geld, Kredit-, Grundstücks- oder ähnlichen Geschäften sowie aus der Vertretung bei solchen Geschäften,
  10. aus Zahlungsvorgängen aller Art, aus der Kassenführung sowie gegen Untreue und Unterschlagung.

Nicht versicherte Risiken: Leistungen, die über das Berufsbild eines Architekten/Bauingenieurs hinausgehen. Wenn der Versicherte oder sein Ehepartner oder ein Unternehmen, an dem diese beteiligt sind oder das von ihnen geführt wird, Bauten ganz oder teilweise
im eigenen Namen und für eigene Rechnung,
im eigenen Namen und für fremde Rechnung,
im fremden Namen und für eigene Rechnung erstellen läßt,
sowie selbst Bauleistungen erbringt oder Baustoffe liefert.

Prämien: Inhaber- und evtl. Teilhaberprämie zuzügl. prozentualer Anteil der Jahresgehaltssumme der sonstigen Mitarbeiter zuzügl. evtl. prozentualer Anteil des Wertes der an andere Büros in eigenem Namen weitervergebene Aufträge.

Beispiele von Schäden:

a) **Planungsfehler:**
   Ein Architekt hat bei der Planung eines privaten Hallenschwimmbades die Durchlüftung des Dachraumes falsch geplant und entsprechend verkehrt ausführen lassen. Als Folge dieses Fehlers treten Tauwasserbildung, erhebliche Durchfeuchtungen und Schäden an Bauteilen ein. Abhilfe nach Sachverständigengutachten nur durch kostenaufwendigen Umbau möglich.

b) **Mangelhafte Überwachung:**
   Ein mit der ingenieurtechnischen Kontrolle des Tragwerks auf Übereinstimmung mit den geprüften statischen Unterlagen beauftragter Bauingenieur übersieht das Fehlen von Bewehrungseisen in einer Stahlbetonkonstruktion. Die als Folge aufgetretenen Risse erfordern eine Neuberechnung der Statik, und diese ergibt eine größere Durchbiegung bei ungefährdeter Standsicherheit, wodurch eine besonders elastische, aber wesentlich teurere als ursprünglich vorgesehene Trennwandkonstruktion erforderlich wird.

9.2.2 Haftpflichtversicherung von sonstigen Planungsbeteiligten

Die BHB gelten grundsätzlich auch für die sonstigen an der Planung Beteiligten. Jedoch sind die Haftungsrisiken bei diesen oft erheblich geringer als beim Architekten, so daß die Versicherungssummen und die Prämien jeweils gesondert zu vereinbaren sind. Zu den sonst an der Planung Beteiligten gehören der Prüfingenieur für Baustatik, der Garten- und Landschaftsarchitekt, der Innenarchitekt, der Stadtplaner, die Sonderfachleute für technische Installationen wie Heizung, Lüftung, Sanitär und Elektro und dergl., schließlich die Spezialisten für Akustik, Bauphysik und Vertragsgestaltung. Wer einen Rat oder eine Empfehlung erteilt, ist zum Ersatz des aus deren Befolgung entstehenden **BGB § 676** Schadens nicht verpflichtet.

9.3 Versicherungen des Bauunternehmers

9.3.1 Betriebshaftpflichtversicherung

Die für Bauherr und Architekt wichtigste Versicherung des Bauunternehmers ist dessen Betriebshaftpflichtversicherung.

Grundlage: AHB

Versicherte Risiken: Personenschäden und Sachschäden, die Dritten im Zusammenhang mit der Ausführung der Bauarbeiten entstehen.

Deckungssummen: Personenschäden DM 1 000 000,—, Sachschäden DM 300 000,—, maximal das Doppelte pro Jahr.

Höhere Deckungssummen und die Mitversicherung von Vermögensschäden können vereinbart werden.

Leitungs- und Leitungsfolgeschäden DM 100 000,— je Schadensereignis bezw. DM 200 000,— je Versicherungsjahr.

Wichtige Ausschlüsse: Haftpflichtansprüche aus Sprengungen, Einreißarbeiten an Bauwerken mit Seilen, Schäden an der eigenen Leistung, an gemieteten oder geliehenen Sachen, durch Grundwasser-Veränderung und durch Baumfällen.

AHB § 4 Besonders hinzuweisen ist auf die in den AHB bestimmten weiteren Ausschlüsse von Schäden, die relativ häufig auftreten:

AHB § 4,5:

VOB/B § 10,2 Haftpflichtansprüche aus Sachschaden, welcher entsteht durch allmähliche Einwirkung der Temperatur, von Gasen, Dämpfen oder Feuchtigkeit, von Niederschlägen (Rauch, Staub, Ruß und dgl.), ferner durch Abwässer, Schwammbildung, Senkungen von Grundstücken (auch eines darauf errichteten Werkes oder eines Teiles eines solchen), durch Erdrutschungen, Erschütterungen infolge Rammarbeiten, durch Überschwemmungen stehender oder fließender Gewässer sowie aus Flurschaden durch Weidevieh und aus Wildschäden.

AHB § 4,6 b:
Bearbeitungsschäden, die an fremden Sachen durch eine gewerbliche oder berufliche Tätigkeit des Versicherungsnehmers an oder mit diesen Sachen (zum Beispiel Bearbeitung, Reparatur, Beförderung, Prüfung und dgl.) entstanden sind; bei Schäden an fremden unbeweglichen Sachen gilt dieser Ausschluß nur insoweit, als diese Sachen oder Teile von ihnen unmittelbar Gegenstand der Tätigkeit gewesen sind.

Allerdings ist es möglich, auch diese Risiken nach besonderer Vereinbarung in den Versicherungsschutz gegen entsprechende Prämie einzuschließen (Regelung in den Verdingungsunterlagen erforderlich).

Beispiel eines versicherten Schadens: Eine Baugrubenböschung bricht trotz Absicherung ein und zerstört ein Stück der nachbarlichen Gartenmauer. Diese ist nach Verfüllen des Arbeitsraumes neu herzustellen.

Beispiel eines im Normalfall nicht versicherten Schadens (der jedoch als sogenannter Bearbeitungsschaden mitversichert werden kann):
Bei den Stemmarbeiten in Mauerwerk im Zusammenhang mit der Anbringung eines Stahlgeländers beschädigt ein Schlosser eine unter Putz verlegte Wasserleitung, die dadurch undicht wird. Sie ist über eine längere Strecke zu erneuern einschl. des Putzes.

9.3.2 Bauwesenversicherung

Auch der Bauunternehmer kann eine Bauwesenversicherung (Bauleistungsversicherung) abschließen, die entweder eine einzelne Baustelle oder seinen gesamten Jahresumsatz abdeckt. Die Einzelheiten, wie Prämiensatz, Höhe der Deckungssummen, die versicherbaren Risiken und Anschlüsse sind für den jeweiligen Fall zu regeln.

10 Unternehmensformen und -funktionen

Weil man es bei Bauherren, Architekten, Ingenieuren, Lieferanten und Baufirmen im Zuge der Planung und Abwicklung von Bauten häufig mit unterschiedlichen Unternehmensformen und -funktionen zu tun hat, sollen sie hier kurz dargestellt werden. Neben dem Einzelunternehmen gibt es die Gesellschaftsunternehmen, die ihrerseits in Personengesellschaften und Kapitalgesellschaften zu unterscheiden sind.

10.1 Einzelunternehmen

Im Einzelunternehmen ist eine einzelne Person Eigentümerin der Firma, auch als Einzelkaufmann bezeichnet. Dieser leitet das Unternehmen und ihm gehört der erzielte Gewinn. Für Verbindlichkeiten seiner Firma haftet er **voll** mit seinem gesamten, auch mit dem privaten Vermögen.

Diese Rechtsform des Einzelunternehmens trifft für viele der freiberuflich tätigen Architekten und Ingenieure sowie für selbständige Bauhandwerker zu.

10.2 Personengesellschaften

10.2.1 Offene Handelsgesellschaft — OHG —

Die OHG ist in das Handelsregister unter Angabe aller Gesellschafter eingetragen. Die Gesellschafter haften den Gesellschaftsgläubigern gegenüber voll mit ihrem privaten Vermögen. **HGB § 105 ff.**
BGB § 705 ff.

Neben den internen Regelungen des jeweiligen Gesellschaftsvertrages gelten die Bestimmungen des HGB und ergänzend die des BGB über die Gesellschaft. Wenn der Gesellschaftsvertrag nichts anderes bestimmt, ist jeder Gesellschafter für sich zur vollen Geschäftsführung in der Firma berechtigt und verpflichtet.

Das Vermögen der OHG gehört den Gesellschaftern entsprechend ihrem Eigenkapitalanteil.

Die gesetzliche Regelung über die Verteilung von Gewinn und Verlust kann durch Vereinbarungen im Gesellschaftsvertrag anders bestimmt werden. **HGB § 120**
HGB § 121

10.2.2 Kommanditgesellschaft — KG —

Die KG ist in das Handelsregister eingetragen unter Angabe aller Kommanditisten und der Beträge ihrer Einlagen. **HGB § 161 ff.**

Die Haftung ist bei mindestens einem Gesellschafter, dem **Kommanditist**, auf die Höhe seiner Einlage beschränkt, während mindestens ein weiterer Gesellschafter, der **Komplementär**, persönlich mit seinem ganzen Vermögen voll haftet (persönlich haftender Gesellschafter).

Die Leitung der KG obliegt dem Komplementär. Die Kommanditisten sind von der Geschäftsführung ausgeschlossen, haben jedoch ein Kontrollrecht.

Das Eigentum an der KG gehört den Gesellschaftern anteilig entsprechend der Höhe ihrer jeweiligen Einlage.

HGB § 167 ff. Vom Gewinn erhalten — wenn nichts anderes vereinbart ist — jeder Gesellschafter zunächst 4 % auf seine Einlage und der geschäftsführende Komplementär eine angemessene Vergütung. Der Restgewinn wird nach den Regelungen des Gesellschaftsvertrages verteilt.

10.2.3 Gesellschaft mit beschränkter Haftung und Companie, Kommanditgesellschaft — GmbH. u. Co. KG. —

Die GmbH. u. Co. KG hat die Rechtsform der KG, ist also rechtlich eine Personengesellschaft. Sie ist in das Handelsregister eingetragen. Als Komplementär (persönlich haftender Gesellschafter) fungiert jedoch keine natürliche Person, sondern die GmbH., der auch die Geschäftsführung obliegt.

10.3 Kapitalgesellschaften

Kapitalgesellschaften sind eigene Rechtspersönlichkeiten (juristische Person).

10.3.1 Gesellschaft mit beschränkter Haftung — GmbH —

GmbHG Zur Gründung einer GmbH sind mindestens zwei Gesellschafter erforderlich. Falls später Gesellschafter ausscheiden, kann auch eine Ein-Mann-GmbH entstehen und bestehen. Die Gesellschaft ist unter Errichtung eines notariell beurkundeten Gesellschaftsvertrages zu gründen und in das Handelsregister einzutragen. Das Mindeststammkapital beträgt DM 50 000,— (Stand 1984). Es setzt sich aus Stammeinlagen in Höhe von mindestens je DM 500,— zusammen. Die Haftung der einzelnen Gesellschafter ist auf die Höhe ihrer jeweiligen Kapitaleinlage beschränkt.

Die Leitung der GmbH erfolgt durch einen oder mehrere von den Gesellschaftern zu bestellende Geschäftsführer, wobei auch ein Gesellschafter als Geschäftsführer fungieren kann. Bei fünfhundert und mehr Beschäftigten ist ein Aufsichtsrat zu bilden.

Das Eigentum an der Gesellschaft gehört den Gesellschaftern entsprechend der Höhe ihres Anteils am Stammkapital.

Die Verteilung des Gewinns erfolgt auf Beschluß der Gesellschafterversammlung als Prozentsatz auf den Anteil am Stammkapital.

10.3.2 Aktiengesellschaft — AG —

AktG Die AG ist die zweckmäßige Rechtsform einer Gesellschaft mit einer großen Zahl (wechselnder) Gesellschafter. Die Gründung erfolgt durch die Hauptversammlung. Es sind mindestens fünf Gründer mit einem Grundkapital von mindestens DM 100 000,— erforderlich, das in Anteilen mit einem Mindestnennwert von DM 50,—, den Aktien, einzubringen ist. Die Aktionäre haften nur in Höhe des Wertes ihres Anteils am Grundkapital. Aktien können an den Börsen gehandelt werden.

Die Leitung der AG obliegt dem Vorstand, der vom Aufsichtsrat bestellt wird.

Der Gewinn einer AG wird anteilig auf die Aktien nach Beschluß der Hauptversammlung ausgeschüttet (Dividende).

10.3.3 Kommanditgesellschaft auf Aktien — KGaA —

Die KGaA ist eine Mischform aus Personen- und Kapitalgesellschaft. Die Haftung ist wie in einer KG geregelt, d. h. die Komplementäre haften voll, während die Kommanditaktionäre nur beschränkt mit ihrer Einlage haften.

Die Geschäftsführung liegt beim Komplementär. Die Hauptversammlung wird nur von den Kommanditaktionären gebildet.

10.4 Die Gesellschaft Bürgerlichen Rechts — BGB-Gesellschaft —

Die BGB-Gesellschaft wird aufgrund der gesetzlichen Bestimmungen errichtet. **BGB § 705 ff.** Die Gesellschafter sind gegenseitig verpflichtet, die Erreichung eines gemeinsamen Zweckes zu fördern und dazu die vereinbarten Beiträge zu leisten. Eine BGB-Gesellschaft kommt nicht allein durch schriftlichen Vertrag zustande, es genügt vielmehr, daß mehrere zur Erreichung eines gemeinsamen Zweckes tätig sind. Es ist jedoch zu empfehlen, einen (notariellen) Gesellschaftsvertrag abzuschließen, in dem Rechte und Pflichten im einzelnen geregelt werden. Die BGB-Gesellschaft wird nicht in das Handelsregister eingetragen. Sie ist nicht rechtsfähig, keine juristische Person.

Die Gesellschafter haften gesamtschuldnerisch mit ihrem ganzen Vermögen. **BGB § 421**

Die Geschäftsführung kann nach Vereinbarung gemeinschaftlich oder durch **BGB § 709** einen Gesellschafter erfolgen. **BGB § 710**

Der Gewinn oder Verlust wird, sofern nicht anders vereinbart, zu gleichen Teilen auf die Gesellschafter verteilt. **BGB § 722**

Typische BGB-Gesellschaften sind:
Architekten-Gemeinschaften (Sozietät),
Arbeitsgemeinschaft mehrerer Bauunternehmer (Arge).

10.5 Unternehmens-Funktionen

a) **Generalübernehmer** (Gesamtübernehmer)
Verantwortlich für Gesamtherstellung, erbringt selbst keine Bauleistungen.

b) **Generalunternehmer** (Gesamtunternehmer)
Verantwortlich für Gesamtherstellung, erbringt selbst Teile der Bauleistungen, meist die Rohbauarbeiten. Vergibt andere Leistungen im eigenen Namen und auf eigene Rechnung.

c) **Hauptunternehmer** (Erstunternehmer)
Erbringt im Auftrag des Auftraggebers (Bauherr) selbst Bauleistungen.

d) **Nachunternehmer** (Subunternehmer)
Wird von einem Hauptunternehmer beauftragt. Keine Rechtsbeziehung zum Bauherrn als Auftraggeber des Hauptunternehmers.

e) **Nebenunternehmer**
Erbringt neben dem Hauptunternehmer, von dem er mit Zustimmung des Bauherrn eingeschaltet wird, Bauleistungen. Rechtsbeziehungen zum Bauherrn als Auftraggeber.

f) **Mitunternehmer**
sind zwei oder mehr selbständige Nebenunternehmer (evtl. mit gesamtschuldnerischer Haftung!)

g) **Arbeitsgemeinschaft** (Arge)

BGB § 705   Zusammenschluß mehrerer Unternehmer zu einer BGB-Gesellschaft zur Durchführung eines einzelnen Bauauftrags.

BGB § 421   Die Arge-Partner haften dem Auftraggeber gesamtschuldnerisch. Arge ist ei-
BGB § 427   gene Steuerperson.

Technische und/oder geschäftliche Federführung liegt bei bestimmten Arge-Partnern.

Argen werden häufig für Großbaustellen gebildet, bzw. im Planungsbereich für komplexe große Projekte.

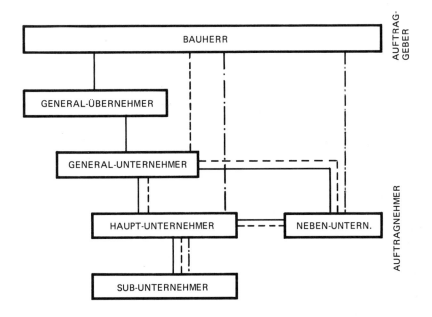

Abb. 18   Rechtliche Beziehung zwischen Auftraggeber und Auftragnehmer

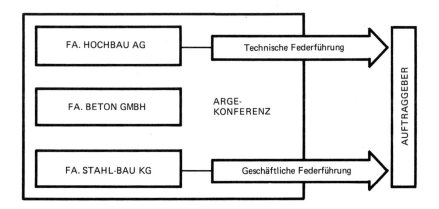

Abb. 19   Arbeitsgemeinschaft von Unternehmern

11 AVA im Leistungsbild des Architekten

11.1 Architektenleistungen

Die Honorarordnung für Architekten und Ingenieure (HOAI) regelt deren Leistungen und Honorare bei der Planung und Abwicklung von Gebäuden, Freianlagen und Innenräumen. Die in § 15, Leistungsbild Objektplanung und Freianlagen, beschriebenen Leistungen gelten für Neubauten, Neuanlagen, Wiederaufbauten, Erweiterungsbauten, Umbauten, Modernisierungen, Raumbildende Ausbauten, Instandhaltungen und Instandsetzungen. Der Beginn der Architektenleistungen im AVA-Bereich setzt einen bestimmten Planungsstand voraus. Die Planung muß so weit fortgeschritten sein, daß sichere qualitative und quantitative Aussagen möglich sind. Deshalb braucht man für die auszuschreibenden Leistungen bei Hochbauten in der Regel

— Ausführungspläne, Maßstab 1:50 oder 1:100
— Details bis Maßstab 1:1 mit Materialangaben und Hinweisen für die Ausführung
— Baubeschreibung mit ausführlichen Angaben der Materialien und der Qualität
— Raumbuch, das die Angaben über die Ausbaumerkmale jedes Raumes enthält.

Diese Planungsunterlagen müssen den Vorgaben des Bauherrn/Auftraggebers entsprechen, mit ihm im einzelnen abgestimmt und von ihm genehmigt sein. Sie haben dem gesetzten Baukostenrahmen zu genügen und sie müssen den gewünschten Qualitätsstandard wiedergeben.

Im Rahmen seines mit dem Bauherrn (Auftraggeber) geschlossenen Werkvertrags erbringt der Architekt die zur Ausschreibung, Vergabe und Abrechnung gehörenden Teile der HOAI-Gesamtleistungen. Er fungiert dabei stets im Interesse seines Bauherrn, jedoch „erteilt" er „keine Aufträge" von sich aus, sondern bereitet die Annahme von Bieterangeboten (Auftrag) vor. Auftraggeber von Bauleistungen ist stets der Bauherr.

Das Leistungsbild unterscheidet Grundleistungen und Besondere Leistungen.

Grundleistungen umfassen die Leistungen, die zur ordnungsgemäßen Erfüllung eines Auftrags im allgemeinen erforderlich sind.

Besondere Leistungen können zu den Grundleistungen hinzu oder an deren Stelle treten, wenn besondere Anforderungen an die Ausführung des Auftrages gestellt werden, die über die allgemeinen Leistungen hinausgehen oder diese ändern.

Die vom Architekten bei Ausschreibung, Vergabe und Abrechnung zu erbringenden Leistungen sind in den folgenden Wiedergaben der HOAI-Leistungsbeschreibungen durch Fettdruck hervorgehoben.

11.2 Vorbereitung der Vergabe (HOAI § 15, Abs. 2, Ziffer 6)

Grundleistungen	Besondere Leistungen
Ermitteln und Zusammenstellen von Mengen als Grundlage für das Aufstellen von Leistungsbeschreibungen unter Verwendung der Beiträge anderer an der Planung fachlich Beteiligter	**Aufstellen von Leistungsbeschreibungen mit Leistungsprogramm unter Bezug auf Baubuch/Raumbuch*)**
Aufstellen von Leistungsbeschreibungen mit Leistungsverzeichnissen nach Leistungsbereichen	**Aufstellen von alternativen Leistungsbeschreibungen für geschlossene Leistungsbereiche**
Abstimmen und Koordinieren der Leistungsbeschreibungen der an der Planung fachlich Beteiligten	**Aufstellung von vergleichenden Kostenübersichten unter Auswertung der Beiträge anderer an der Planung fachlich Beteiligter**
	*) Diese Besondere Leistung wird bei Leistungsbeschreibungen mit Leistungsprogramm ganz oder teilweise Grundleistung. In diesem Falle entfallen die entsprechenden Grundleistungen dieser Leistungsphase, soweit die Leistungsbeschreibung mit Leistungsprogramm angewandt wird.

Zur Vorbereitung der Vergabe gehört auch die Verwendung von Beiträgen anderer an der Planung fachlich Beteiligter. Unter solchen Beiträgen sind Planungsleistungen zu verstehen, welche in anderen Planungsdisziplinen erbracht werden, jedoch vom Architekten für die vollständige und richtige Erbringung seiner eigenen Leistung zu verwerten sind.

1. Beispiel: Einarbeiten der Aussagen von Planungsleistungen des Tragwerksplaners in die Ausschreibung der Rohbauarbeiten; bei Stahlbetonarbeiten Aussagen über Betonqualität, Stahlqualität, Stahlmengen usw.

2. Beispiel: Einarbeiten von Aussagen des Fachgutachtens des Bauphysikers in die Leistungsverzeichnisse verschiedener Gewerke hinsichtlich Wärmedämmung, Feuerwiderstandsklasse, Schallschutz, Bauwerksabdichtung u. dgl.

11.3 Mitwirkung bei der Vergabe (HOAI, § 15, Abs. 2, Ziffer 7)

Grundleistungen	Besondere Leistungen

Zusammenstellen der Verdingungsunterlagen für alle Leistungsbereiche

Einholen von Angeboten

Prüfen und Werten der Angebote einschließlich Aufstellen eines Preisspiegels nach Teilleistungen unter Mitwirkung aller während der Leistungsphasen 6 und 7 fachlich Beteiligten

Abstimmen und Zusammenstellen der Leistungen der fachlich Beteiligten, die an der Vergabe mitwirken

Verhandlung mit Bietern

Kostenanschlag nach DIN 276 aus Einheits- oder Pauschalpreisen der Angebote

Mitwirken bei der Auftragserteilung

Prüfen und Werten der Angebote aus Leistungsbeschreibung mit Leistungsprogramm einschließlich Preisspiegel*)

Aufstellen, Prüfen und Werten von Preisspiegeln nach besonderen Anforderungen

*) Diese Besondere Leistung wird bei Leistungsbeschreibungen mit Leistungsprogramm ganz oder teilweise Grundleistung. In diesem Falle entfallen die entsprechenden Grundleistungen dieser Leistungsphase, soweit die Leistungsbeschreibung mit Leistungsprogramm angewandt wird.

Besonders beim Prüfen und Werten der Angebote ist die Mitwirkung aller an der Ausschreibung und Vergabe fachlich Beteiligten erforderlich, weil es deren spezifischen Fachwissens und ihrer Erfahrung bedarf, um Prüfungen und Wertungen vorzunehmen, für die der Architekt üblicherweise die nötige Ausbildung, Kenntnisse und Erfahrungen nicht besitzt.

1. Beispiel: Beurteilung der technischen Daten einer vom LV abweichend angebotenen Heizkesselanlage durch den Ingenieur für technische Ausrüstung.

2. Beispiel: Beurteilung eines konstruktiven Sondervorschlags eines Rohbauunternehmers durch den Ingenieur für Tragwerksplanung und durch den Bauphysiker.

11.4 Objektüberwachung (Bauüberwachung) (HOAI, § 15, Abs. 2, Ziffer 8)

Grundleistungen	Besondere Leistungen
Überwachen der Ausführung des Objekts auf Übereinstimmung mit der Baugenehmigung oder Zustimmung, den Ausführungsplänen und den Leistungsbeschreibungen mit den anerkannten Regeln der Technik und den einschlägigen Vorschriften	**Aufstellen, Überwachen und Fortschreiben eines Zahlungsplanes** Aufstellen, Überwachen und Fortschreiben von differenzierten Zeit-, Kosten- oder Kapazitätsplänen
Koordinieren der an der Objektüberwachung fachlich Beteiligten	Tätigkeit als verantwortlicher Bauleiter, soweit diese Tätigkeit nach jeweiligem Landesrecht über die Grundleistungen der Leistungsphase 8 hinausgeht
Überwachung und Detailkorrektur von Fertigteilen	
Aufstellen und Überwachen eines Zeitplanes (Balkendiagramm)	
Führen eines Bautagebuches	
Gemeinsames Aufmaß mit den bauausführenden Unternehmen	
Abnahme der Bauleistungen unter Mitwirkung anderer an der Planung und Objektüberwachung fachlich Beteiligter unter Feststellung von Mängeln	
Rechnungsprüfung	
Kostenfeststellung nach DIN 276 oder nach dem wohnungsrechtlichen Berechnungsrecht	
Antrag auf behördliche Abnahmen und Teilnahme daran	
Übergabe des Objekts einschließlich Zusammenstellung und Übergabe der erforderlichen Unterlagen, zum Beispiel Bedienungsanleitungen, Prüfprotokolle	
Auflisten der Gewährleistungsfristen	
Überwachen der Beseitigung der bei der Abnahme der Bauleistungen festgestellten Mängel	
Kostenkontrolle	

In diesem Leistungsbereich überwiegen die vom Architekten in der Funktion des Bauleiters zu erbringenden Tätigkeiten. Bei der Bauüberwachung zählen zum AVA-Bereich das Aufmaß, die Rechnungsprüfung und die weitere kaufmännische und rechtliche Abwicklung aller in Zusammenhang mit der Zahlung stehenden Vorgänge. Diese sind in der HOAI nicht besonders beschrieben, da sie nicht einheitlich sind. Ihre formalen Einzelheiten sind von Art und Größe des Bauwerks, der Art des Bauherrn (z. B. Behörde, Industriebetrieb, privater Bauherr), sowie von den dem jeweiligen Vertragsverhältnis zugrundliegenden, besonderen oder zusätzlichen Vertragsbedingungen abhängig.

Bei der Abrechnung von Bauten erweist sich die Qualität der Ausschreibung. Ob das Abrechnungsergebnis eines Projekts oder eines Gewerks dem Auftragswert nahekommt oder entspricht, hängt im allgemeinen vor allem von diesen Fakten ab:

— Vollständigkeit der auszuführenden Einzelleistungen im Leistungsverzeichnis (sonst Nachträge und Mehrkosten).
— Richtigkeit der Mengen der Ausschreibung (sonst Preisänderungen, Kostenerhöhungen, Bauzeitveränderungen u.s.f.).
— Genauigkeit der Leistungsbeschreibung (sonst Qualitätsänderungen, Nachträge, Kostenerhöhungen u.s.f.).
— Eindeutigkeit der besonderen oder der zusätzlichen Vertragsbedingungen, sowie der zusätzlichen technischen Vorschriften (sonst Mißverständnisse, Fehleinschätzungen, Streit, Mehrkosten u.s.f.).

Außerdem soll der Anteil der Tagelohnarbeiten an der Abrechnungssumme möglichst gering sein, denn oft werden im Leistungsverzeichnis vergessene Leistungen im Tagelohn ausgeführt.

11.5 Objektbetreuung und Dokumentation (HOAI, § 15, Abs. 2, Ziffer 9)

Grundleistungen	Besondere Leistungen
Objektbegehung zur Mängelfeststellung vor Ablauf der Verjährungsfristen der Gewährleistungsansprüche gegenüber den bauausführenden Unternehmen.	Erstellen von Bestandsplänen
	Aufstellen von Ausrüstungs- und Inventarverzeichnissen
	Erstellen von Wartungs- und Pflegeanweisungen
Überwachen der Beseitigung von Mängeln, die innerhalb der Verjährungsfristen der Gewährleistungsansprüche, längstens jedoch bis zum Ablauf von fünf Jahren seit Abnahme der Bauleistungen auftreten.	Objektbeobachtung
	Objektverwaltung
	Baubegehungen nach Übergabe
	Überwachen der Wartungs- und Pflegeleistungen
Mitwirken bei der Freigabe von Sicherheitsleistungen	**Aufbereiten des Zahlenmaterials für eine Objektdatei**
Systematische Zusammenstellung der zeichnerischen Darstellungen und rechnerischen Ergebnisse des Objekts	**Ermittlung und Kostenfeststellung zu Kostenrichtwerten**
	Überprüfen der Bauwerks- und Betriebs-Kosten-Nutzen-Analyse

In dieser Leistungsphase überwiegen ebenfalls die organisatorischen Leistungen und Abwicklungsaufgaben des Bauleiters. Die Abwicklung der Freigabe von Sicherheitsleistungen ist von den vertraglichen Vereinbarungen abhängig. Die Durchführung der sonstigen Leistungen im AVA-Bereich ist wie in der Leistungsphase 8 — Objektüberwachung (Bauüberwachung) — von Fall zu Fall besonders zu regeln.

11.6. Arbeitsteilung: Bauplanung/Bauabwicklung

Bei mittleren und großen Bauprojekten vergeben viele Bauherren häufig die Architektenleistungen nach HOAI nicht in eine Hand. Man beauftragt einen Architekten mit der Bauplanung, ein anderes Architekturbüro mit der Bauabwicklung. Dabei können sowohl die in HOAI, § 15, Abs. 2, beschriebenen Leistungsbilder jeweils als Ganzes oder in Teilen vergeben werden. Besonders wegen der Verantwortung für Qualität, Kosten und Termine vergibt man alle den AVA-Bereich betreffenden Teilleistungen in die Hand des mit der Bauabwicklung Beauftragten.

Generell empfiehlt sich, bei der arbeitsteiligen Beauftragung das Gesamtleistungsbild in der Form des Beispiels Seite 82 aufzuteilen.

Für viele Auftraggeber sind die besseren Erfahrungen, welche sie bei großen Bauvorhaben mit der arbeitsteiligen Vergabe gemacht haben, dafür maßgebend, dieses Modell zu handhaben. Weil in der überwiegenden Zahl aller Fälle die Bedeutung der Einhaltung von Kosten, Terminen und Qualität vorrangig ist, betraut man mit der Bauabwicklung auf diesem Gebiet besonders leistungsfähige Architekturbüros. Diese Arbeitsteilung ist nicht neu, zumal sie in der Geschichte des Bauens immer existierte und der Architekt auch in früherer Zeit nicht als der alles beherrschende Generalist nach Ausbildung, Funktion und Stand anzusehen ist.

Die Anwendung neuer Arbeitstechniken im Leistungsbereich Bauabwicklung, besonders der Einsatz der elektronischen Datenverarbeitung bei Ausschreibung, Vergabe und Abrechnung, hat die Leistungsfähigkeit der auf diesem Gebiet tätigen Architekturbüros im Laufe der letzten zwanzig Jahre sehr gesteigert. Ergänzt durch EDV-unterstützte Managementmethoden hat sich ein eigener, leistungsfähiger Berufszweig unter den Architekten herausgebildet.

Auftraggeber nennen aus ihrer Sicht für die Arbeitsteilung in Bau-Planung und Bau-Abwicklung erstrangig diese Gründe:
— Auswahl und Einsatz der Architekten nach deren individueller größter Leistungsfähigkeit und Erfahrungen,
— gegenseitige fachliche Kontrolle der arbeitsteilig beauftragten Architekten,
— klare Verantwortungsteilung und Haftungsabgrenzung für Planung einerseits und Bauabwicklung andererseits,
— größerer Versicherungsschutz der arbeitsteilig Beauftragten für eventuelle Haftungsfälle im Planungs- und/oder Abwicklungsbereich,
— keine Honorarmehrkosten trotz erheblicher Vorteile für den Bauherrn.

Nach HOAI § 5 ist es ausdrücklich möglich, nicht alle Leistungsphasen sowie nicht alle Grundleistungen einer Leistungsphase in eine Hand zu vergeben. Die Berechnung des Honorars hat entsprechend den Leistungsanteilen zu erfolgen.

Bau-Planung

1. Grundlagenermittlung — ganz —
2. Vorplanung — teilweise, bis auf
3. Entwurfsplanung — teilweise, bis auf
4. Genehmigungsplanung
5. Ausführungsplanung — ganz oder alternativ
6. —
7. —
8. —
9. —

Bau-Abwicklung

1. —
2. Vorplanung-Teilleistung: Kostenschätzung nach DIN 276 oder nach dem wohnungsrechtlichen Berechnungsrecht
3. Entwurfsplanung-Teilleistung: Kostenberechnung nach DIN 276 oder nach dem wohnungsrechtlichen Berechnungsrecht
4. —
5. Ausführungsplanung — ganz —
6. Vorbereitung der Vergabe — ganz —
7. Mitwirkung bei der Vergabe — ganz —
8. Objektüberwachung (Bauüberwachung) — ganz —
9. Objektbetreuung und Dokumentation — ganz —

Abb. 20: Beispiel einer arbeitsteiligen Beauftragung von Architekten bei großen Bauvorhaben

12 AVA mit EDV

12.1 Entwicklungsstand 1985

Wegen der zu erwartenden, schnell fortschreitenden weiteren Entwicklung des Einsatzes elektronischer Datenverarbeitungsmöglichkeiten im AVA-Bereich soll am Anfang der hier nur knappen Darlegungen der Entwicklungsstand 1985 kurz beschrieben werden:

— Auf dem Gebiet der Rechenanlagen (Hardware) geht offensichtlich der Trend zu Kleinrechnern mit einem sich ständig verbessernden Preis-Leistungs-Verhältnis. Die Rechenanlagen werden relativ preiswerter, und ihre Leistungsfähigkeit steigt überproportional.

— Die Tendenz in der Entwicklung von AVA-Programmen liegt in der Betonung der Anwenderfreundlichkeit sowie der Wirtschaftlichkeit. Programme sind zu pflegen und weiter zu entwickeln, wobei sie dem technischen Fortschritt, z. B. in der Veränderung des Deutschen Normenwerks, zu folgen haben.

— Als Datenträger verwendet man anstelle der überholten Lochkarte magnetisierbare Datenträger wie Magnetbänder, Disketten oder Platten. Bei der Zusammenarbeit mit großen Service-Rechenzentren (z. B. Kommunale Gebietsrechenzentren oder kommerzielle Datenverarbeiter) bedient man sich der Ferndatenverarbeitung.

— Die Ausbildungsinstitutionen lehren den Umgang mit EDV (Anfänge in Architekturstudiengängen seit 1970).

12.2 Rechtlicher Rahmen des EDV-Einsatzes

Für den Einsatz der EDV-Arbeitstechniken gelten sämtliche rechtlichen Bedingungen, wie sie sich aus dem BGB und der VOB ergeben. Ebenso sind die einschlägigen Bestimmungen der DIN-Norm wie bei konventioneller Bauabwicklung maßgebend. Das gilt vor allem für die Allgemeinen Technischen Vorschriften, ATV, der VOB/Teil C, hinsichtlich der Bestimmungen über Nebenleistungen und Abrechnung.

Besonders sind die gesetzlichen Bestimmungen über den Datenschutz ergänzend zu beachten. Dies gilt vorrangig für den Datenaustausch.

12.3 Richtlinien für elektronische Bauabrechnung

Für die Berechnung von Mengen gelten die vorläufigen Richtlinien für die elektronische Bauabrechnung — REB, welche auf der Grundlage eines Entwurfs aus dem Jahre 1963 von dem fachlich zuständigen Bundesminister, dem Bundesrechnungshof sowie den entsprechenden Organen der Länder 1979 eingeführt worden sind. Im Hochbau wendet man im allgemeinen die REB-Verfahrensbeschreibung 23.003, Allgemeine Bauabrechnung, an.

12.4 EDV-Anwendung

Eine vergleichende Gegenüberstellung zwischen EDV-Anwendung und Ausübung konventioneller Verfahren bei Ausschreibung, Vergabe und Abrechnung zeigt die Abbildung 21. Die Darstellung macht deutlich, daß man auch während eines laufenden Projekts vom konventionellen Verfahren in die EDV-Anwendung einsteigen kann, d. h. es ist nicht zwingend, in der Bauabwicklung mit dem EDV-Einsatz bei der Leistungsbeschreibung zu beginnen. Man kann vielmehr Teile der AVA-Leistungen der EDV übertragen oder im Laufe der Abwicklung von konventionellen Verfahren ganz zur EDV-Abwicklung übergehen, z. B. mit der Angebotsnachrechnung oder mit dem Zuschlags-Leistungsverzeichnis und der Bauabrechnung.

12.5 EDV-Programme im AVA-Bereich

Für die Bauabwicklung durch den Architekten im Rahmen einer HOAI-Leistung sind nur solche Programme tauglich, welche den rechtlichen und technischen Bedingungen entsprechen, die der Verfahrensbeschreibung 23.003 der REB folgen, und die in der Praxis ausreichend erprobt sind und sich als fehlerfrei erwiesen haben.

Die Texte der Standardleistungsbücher sind auf Disketten verfügbar und können so vom EDV-Anwender unmittelbar verwendet werden.

Die Struktur eines AVA-Programmpakets umfaßt im allgemeinen diese Unterprogramme:
— Leistungsbeschreibungen nach Standardleistungsbuch (StLb)
— Leistungsbeschreibungen mit freien Formulierungen
— Nachrechnen der Angebote
— Preisspiegel der Angebote
— Zuschlags-Leistungsverzeichnis
— Bauabrechnung (Mengenberechnung)
— Rechnungsschreibung
— Kostenkontrolle
Es versteht sich, daß die notwendigen Betriebsprogramme für die Rechenanlagen bereitstehen müssen.

Hinweis auf Band 2 dieser Schrift, 'EDV-Anwendung', der eine grundsätzliche Einführung in die EDV-Anwendung beinhaltet und ein Beispiel ausführlich darstellt.

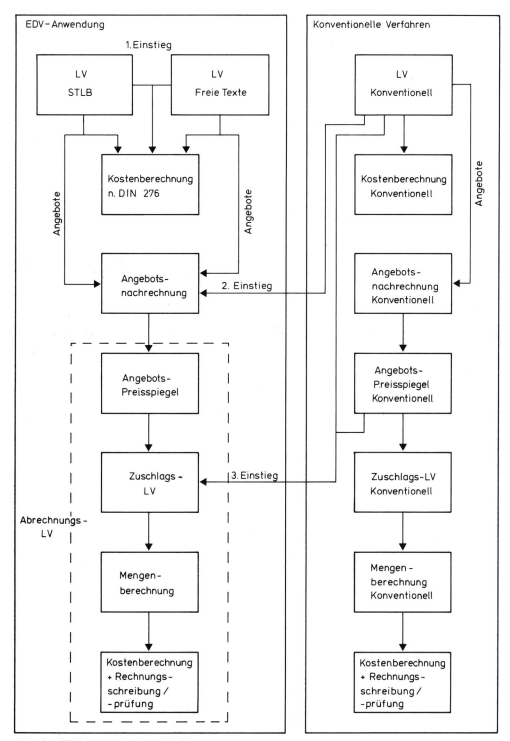

Abb. 21: EDV-Anwendung im AVA-Bereich

Literaturverzeichnis

Balser/Meyer/Piorreck: Die GmbH, 7. Auflage. — Freiburg: Haufe-Verlag 1981.

Bindhardt: Die Haftung des Architekten, 8. Auflage. — Düsseldorf: Werner-Verlag 1981.

Colonia Informationsdienst: In Sicherheit bauen. Umfassender Versicherungsschutz für alle, die am Bau beteiligt sind. — Köln: Colonia Versicherungs AG.

Damerau-Tauterat VOB im Bild: Abrechnung nach der VOB, 11. Auflage. — Wiesbaden und Berlin: Bauverlag GmbH 1985

Daub: Baupreisrecht der Bundesrepublik, 3. Auflage. — Düsseldorf: Werner-Verlag 1978.

Daub/Meierrose: Kommentar zur VOL Teil A, 3. Auflage. — Düsseldorf: Werner-Verlag 1985.

Daub/Piel/Soergel/Steffani: Kommentar zur VOB/Teil B, Fassung 1973. — Wiesbaden und Berlin: Bauverlag GmbH 1976.

Deutscher Normenausschuß: VOB — Verdingungsordnung für Bauleistungen Ausgabe 1979

Deutsches Informations-
zentrum für technische
Regeln (DITR) im DIN
Deutsches Institut für
Normung (Hrsg.) DIN-Katalog für technische Regeln, Ausgabe 1985

— — DIN-Taschenbücher für das Bauwesen, Verzeichnis 1985. — Wiesbaden und Berlin: Bauverlag GmbH.

Döbereiner/Liegert Baurecht für Praktiker, Wie können Rechtsnachteile vermieden werden? 2. Auflage. — Wiesbaden und Berlin: Bauverlag 1977.

Goossens: Was Führungskräfte von Betriebswirtschaft wissen müssen. — München: Heyne-Verlag 1975.

Heiermann/Kroppen: Kommentar zur Schiedsgerichtsordnung für das Bauwesen. — Wiesbaden und Berlin: Bauverlag GmbH 1975.

Heiermann/Riedl/Schwaab: Handkommentar zur VOB, Teile A und B, 3. Auflage. — Wiesbaden und Berlin: Bauverlag GmbH 1981.

Herding/Schmalzl: Vertragsgestaltung und Haftung im Bauwesen 2. Auflage. — München und Berlin: Verlag C. H. Beck 1967.

Hereth/Crome Baupreisrecht, 3. Auflage, Stand November 1972. — München: Verlag C. H. Beck 1973.

Huber/Kafitz: Lexikon des praktischen Kaufmanns. — München: Keysersche Verlagsbuchhandlung GmbH 1970.

Kainzbauer/Krämer: Amtliche Werte und Bewertungsrichtlinien für Baupreisermittlung bei öffentlichen Aufträgen. — Wiesbaden u. Berlin: Bauverlag GmbH 1975.

Mahler: Stichwort: Bauleitung für Bauführer und Bauleiter im Hochbau, 3. Auflage. — Wiesbaden und Berlin: Bauverlag GmbH 1983.

Neuenfeld: Bauversicherungen. — Stuttgart: Forum-Verlag GmbH 1976.

Neufert/Rösel: Bauzeitplanung. — Wiesbaden und Berlin: Bauverlag GmbH 1974.

Rösel/Schmidt: Betriebskalender — Darmstadt

Rusam: Handkommentar VOL/A. — Wiesbaden und Berlin: Bauverlag GmbH 1985.

— —   StLB — Standardleistungsbuch für das Bauwesen, Grundwerk Band 1, Ausgabe Dezember 1976. — Berlin und Köln: Beuth-Vertrieb GmbH.

Strahl: Rechtsratgeber für Bauhandwerker. — Wiesbaden und Berlin: Bauverlag GmbH 1975.

Sudhoff: Der Gesellschaftsvertrag der GmbH & Co. — 4. Auflage — München: Verlag C. H. Beck 1979.

Wedler: VOL — Verdingungsordnung für Leistungen, 23. Auflage. — Düsseldorf: Werner-Verlag 1984.

Winkler: VOB-Verdingungsordnung für Bauleistungen 1979, 3. Auflage. — Braunschweig: Verlag Friedr. Vieweg & Sohn 1980.

Wussow: Rechtslexikon für das Bauwesen, 2. Auflage. — Köln-Braunsfeld: Verlagsgesellschaft Rudolf Müller 1975.

Hinweise auf Fundstellen

(1) Rechtsberatung:

RBeratG Art. 1 §§ 1, 5; GewO § 34c I Nr. 2 lit. b
UWG § 1 (Verstoß gegen das Rechtsberatungs-
gesetz-Sonderberater in Bausachen)

1. Ein „Sonderberater in Bausachen", der seine Auftraggeber nicht nur bautechnisch und
wirtschaftlich berät, sondern ihnen auch
Rechtsrat in allen mit der Vorbereitung und
Durchführung des Bauvorhabens zusammenhängenden Fragen erteilt, verstößt gegen Art. 1 § 1 RBerG und damit zugleich gegen § 1 UWG.

2. Bei Übernahme einer Baubetreuung mit der
Verpflichtung, das Bauwerk im Namen und
in Vollmacht des Betreuten sowie auf dessen Rechnung zu errichten, ist die hierzu erforderliche Wahrnehmung fremder Rechts-
angelegenheiten nach Art. 1 § 5 RBerG er-
laubnisfrei; doch kann sich in diesem Falle
die Wettbewerbswidrigkeit aus dem Fehlen
der Erlaubnis nach § 34c I Nr. 2 lit. b GewO
ergeben.
BGH, Urt. v. 11. 6. 1976 — I ZR 55/75 München.

(2) Herding/Schmalzl:

Haftung und Vertragsgestaltung im Bauwesen
2. Auflage 1967, S. 179 ff. — München: Verlag
C. H. Beck 1967.

(3) — —

Standardleistungsbücher für das Bauwesen
(StLB). — Berlin und Köln: Beuth-Vertrieb
GmbH.

(4) Neufert/Rösel:

Bauzeitplanung — Bauablauf im Netzwerk mit
und ohne Computer. — Wiesbaden und Berlin:
Bauverlag GmbH 1974.

(5) Rösel/Schmidt:

Betriebskalender — Darmstadt

(6) — —

Richtlinien für die elektronische Bauabrechnung (REB) mit Informationen über Programme. — Berlin und Köln: Beuth-Vertrieb GmbH.

(7) Döbereiner/Liegert

Baurecht für Praktiker, Wie können Rechtsnachteile vermieden werden? 2. Auflage —
S. 19 ff. — Bauverlag, Wiesbaden — Berlin
1977.

Anhang Musterformulare

Nr. 1 Protokoll der Vergabeverhandlung

Nr. 2 Protokoll der förmlichen Abnahme

Nr. 3 Schlußabrechnung

Nr. 4 Schlußerklärung

PROTOKOLL DER VERHANDLUNG

Datum . . . .

Bauherr: . . . .

Baustelle: . . . .

Bauleistung: . . . .

Bieter: . . . .

Anwesend für den Bauherrn: . . . .

für den Bieter: . . . .

für den Architekt: . . . .

Grundlagen der Verhandlung:

1. Protokoll des technischen Gespräches vom . . . .

2. Angebot vom . . . .

3. . . . .

4. . . . .

Angebotssumme: netto . . . . DM

Nachlaß: . . . . % (auf Gesamtschlußrechnung) = ... DM

Angebotssumme nach Verhandlung: netto . . . . DM

Mehrwertsteuer: . . . . % = ... DM

Angebotssumme nach Verhandlung: . . . . DM

Darauf werden . . . . . . % Skonto bei Zahlung innerhalb von . . . . Tagen nach Rechnungseingang gewährt.

Besondere Vereinbarungen: (sofern nicht im technischen Gespräch oder Angebot festgelegt, über: Start-, Zwischen-, Endtermine, Konventionalstrafe, Zahlungsbedingungen, Gewährleistung u.s.w.)

. . . .

. . . .

. . . .

. . . .

(Fortsetzung siehe Rückseite)

Auftrag gilt – noch nicht – als erteilt. Im Auftragsfall folgt ausführliches Auftragsschreiben. Der Bieter hält sich bis zum

. . . . , ... Uhr an sein Angebot gebunden. *)

Der Bieter ist mit den Vertragsbedingungen, die im einzelnen erläutert und ausgehandelt wurden, vollinhaltlich einverstanden.

Verhandelt in . . . . am . . . . um . . . . Uhr.

. . . .
    Für den Bauherrn   Für den Unternehmer   Für den Architekt

*) Nichtzutreffendes streichen

Nr. 1 Protokoll der Vergabeverhandlung

ABNAHMEPROTOKOLL

Datum . . . .

Bauherr: . . . .

Auftragnehmer: . . . .

Grundauftrag Nr.: . . . . vom: . . . . und Teilaufträge.

Bauleistung: . . . .

Bauvorhaben/Baustelle: . . . .

Entsprechend den Bedingungen des oben angeführten Auftrages erfolgte heute nach Abschluß der Arbeiten die förmliche Abnahme im Sinne von § 12 VOB/B. Eine eventuell verwirkte Vertragsstrafe gilt durch diese Abnahme **nicht** als erlassen (entsprechend § 341 BGB).

Die Gewährleistung beginnt am Tage der Abnahme und endet nach . . . . Jahren. (Gilt nicht für Teilabnahmen, sondern nur für Gesamt-Schlußabnahme.)

Anwesende:

Von Seiten des Bauherrn: . . . .

Von Seiten des Auftragnehmers: . . . .

Von Seiten des Architekten: . . . .

Ergebnis der örtlichen Feststellungen:

1. Die Funktionstüchtigkeit der Anlage *) / Leistungen *) ist festgestellt *) / braucht nicht festgestellt zu werden *).

2. Es wurden – keine *) – wesentliche(n) Mängel festgestellt.

3. Folgende unwesentliche Mängel wurden festgestellt:

. . . .

. . . .

. . . .

. . . .

. . . .

. . . .

. . . .

(Fortsetzung siehe Rückseite)
*) Nichtzutreffendes streichen)

Die hier aufgeführten Mängel werden bis spätestens . . . . vom Auftragnehmer beseitigt. Die Beseitigung ist dem Auftraggeber schriftlich mitzuteilen, damit die Abnahme dieser Leistungen vorgenommen werden kann.

Nach Durchsicht anerkannt: . . . ., den . . . .

. . . .

  Für den Bauherrn   Für den Auftragnehmer   Für den Architekt

Nr. 2 Protokoll der förmlichen Abnahme

SCHLUSSABRECHNUNG für Bauvorhaben: . . . .

. . . . , den . . . .

Bauherr:

Auftragnehmer:

Verteiler:
1) Bauherr
2) Auftragnehmer
3) Architekt

Bauleistung: . . . .

Ihre Schlußrechnung(en) wurde(n) geprüft und folgende Netto-Abrechnungssumme festgestellt:

. . . . DM

Davon ergeben sich an Abzügen (netto):

1) Anteil Glasbruch   DM . . . .

2) Anteil Baureinigung   DM . . . .

3) Anteil Bauschild   DM . . . .

4) Forderungen anderer Firmen
   an Sie   DM . . . .

5) Vertragsstrafe   DM . . . .

6) Mahnbriefe   DM . . . .

7) Bauwesenversicherung (. . . . . %) DM . . . .

8) . . . .   DM . . . .

Netto-Abzug   . . . . DM

Demnach Netto-Schlußabrechnungsbetrag   . . . . DM

zuzügl. ges. Mehrwertsteuer . . . . . . %   . . . . DM

Brutto-Schlußabrechnungssumme   . . . . DM

Als Sicherheit werden . . . . . . % der Netto-Gesamtsumme für . . . . . . Jahre nach der förmlichen Abnahme, also bis zum

. . . . einbehalten.

Sicherheitsbetrag: . . . . DM/netto ohne gesetzl. MWST.

Netto-Schlußrechnungsbetrag: . . . . DM

Darauf erhalten netto: . . . . DM

Sicherheitssumme netto: . . . . DM

Netto-Summe   . . . . DM

zuzügl. gesetzl. MWST . . . . %   . . . . DM

Demnach bleiben zu zahlen nach Unterzeichnung
der Schlußerklärung: . . . . DM

Anerkannt: Aufgestellt:

Nr. 3 Schlußabrechnung

SCHLUSSERKLÄRUNG für Bau-Leistungen beim Bauvorhaben:

....

........................, den ....

Bauherr:

Auftragnehmer:

Verteiler:

1) Bauherr
2) Auftragnehmer
3) Architekt

Betr.: Bauleistung:..

    Auftrag v.:........................ Schlußabrechnung v.:...............................

Mit der Schlußabrechnung/bei der Abnahme wurden übergeben:

1. Beitragsbescheinigung der Berufsgenossenschaft
2. Abrechnungszeichnungen
3. Revisionspläne (Lichtpausen-farbig-pausfähig-Leinenpausen)
4. Wartungs- und Betriebsvorschriften, Bedienungsanleitung
5. Ersatzteillisten
6. Tätigkeitsnachweise / Bautagebuch

Hiermit erklären wir, daß in der anliegenden Schlußabrechnung alle Forderungen an den Bauherrn für das genannte Objekt enthalten sind:

Schlußabrechnungs-Gesamtbetrag: netto DM ....

    +.....% MWST DM ....

    brutto DM ....

in Worten: ....
(Brutto-Summe)

Wir haben die vom Architekten festgestellte Summe überprüft und anerkannt und erklären, keine weiteren Forderungen, gleichviel aus welchen Rechtsgründen, gegen den Bauherrn zu haben oder zu stellen.

Anerkannt: Aufgestellt:

....
(Auftragnehmer)   (Architekt)

        Zur Kenntnis genommen:

        ....
        (Bauherr)

Anlage: Schlußabrechnung vom ....

Nr. 4 Schlußerklärung

Sachwortverzeichnis